社區營造策略

永續經營的

柯一青 著

白象文化

社區總體營造在臺灣已經宣導許多年，
這個理念期待政府與社區形成一種新的「夥伴關係」，
政府的角色應該只是提供資源來支持社區營造工作，
但現今執行的情況，政府單位的介入常造成干預自主社區的成長狀況。
因此社區必須要特別謹慎於執行策略的設計，
然而在於社區資源充沛下，政府並非社區必需絕對需要的角色，
如何巧妙地培養出社區的凝聚力量，又可解決許多社會的矛盾，
期待這本書可以給許多社區先進與環境教育人員參考之。

作者序

　　迎向全球化到來之際，人們開始追求精神的交流、心靈的充實與安定，過去以經濟發展為主的生活方式已漸漸讓人感到失落，反而懷念起往日以鄰里宗親同庄同姓所聯繫的社區型態，造就社區總體營造運動興起的契機。然而，社會在改變，已經失去的凝聚力要再找回實在不容易，社區營造的實踐需要一些策略與方法，本書將這幾年所見的營造案例或見解彙集成書，提供後續推動者的參考，然而，臺灣人總有著新的創意與策略，許多案例也不斷的出現，我們期待社區營造可以在正確的觀念下繼續的蓬勃發展下去。有些案例以體驗民族文化的族群觀光、接觸農村的自然及日常生活、與住民愉快地對話的綠色觀光及維繫及營造地域整體文化的博物館等觀光型態而表現，也有許多特別的策略來聯繫居民的向心力，但是這些絕非絕對的標準作業流程，社區營造也非以所謂的教戰手冊或守則就可完成，社區營造最重要的是使人們對自己所生活的地方感到榮耀，進而懂得品味營造過程所付出的喜悅，凝聚社區的向心力並創造出豐富的地方文化。

現今社會普遍延伸的產業文化，普遍認為社區只要有了產業，自會產生文化，尤其是吃食產業，但是地方有了吃食產品就代表營造了地方文化嗎？似乎並不是如此的容易。以喝咖啡為例，咖啡的本身並非是文化產業，如何喝咖啡才算是文化產業，連同為了完成喝咖啡這件事所衍生的程序、活動或器具等，應該才是真正的文化意涵。如何找到社區的特殊文化潛力，利用社區重要元素將人心凝聚起來，才是真正的社區總體營造，反之，在缺乏社區人心凝聚的情況下，社區則容易被外來的商業行為而破壞，甚至社區原有住民漸漸的離開，變成一個充斥外來投資客的商圈。沒有社區的基礎下，就容易隨著政經社會的變遷而頹敗，期望這本書可以給予讀者正面的意義，更深入的去體驗社區經營者的用心，亦可供環境教育及通識課程中之教材。

柯一青

目錄

第一章　運用社區再生的力量——營造永續發展基礎

鄒族部落 vs. 經濟開發

　　位於嘉義縣阿里山區的山美村是一處（TSOU）鄒族部落，組織為嚴格的父系氏族組織，以大、小社分脈聯合的政治性組織為主，以豐富山林與溪谷的資源自給自足。日治時代，阿里山成了掠取木材資源的工廠，山美的樟樹也難逃經濟掠奪下被砍伐的命運，隨著樹木不斷的倒塌，達那伊谷的動物自然是四處逃竄離開原來的棲息地，豐沛的魚群也開始被捕殺來食用。在 1970 年代末，阿里山公路開闢，高山茶種滿公路沿線，山美村居民的自給經濟開始改變，雇主以豐渥的薪資雇用當地居民做揹肥料、採茶、製茶及除草等雜務，被迫成為破壞加元的幫手。便利的公路開通，也帶來了違法傾倒的土方和濫闢的茶園，嚴重影響了當地的山坡地水土保持。受到如此工業化的影響後，原本部落經濟漸漸瓦解，年輕人口嚴重外流，達那伊谷被劃歸為水源區與保安林的範圍中，徹底切斷鄒族人與這條溪谷的關聯。原本與山美人的生活緊密相繫的溪流，成了政府資產，失去聖地意義的達那伊谷和其他臺灣河川一樣，人群隨興的在達娜伊谷溪炸魚、毒魚及電魚，不

出幾年，曾是鄒族聖地的達娜伊谷溪[1]，已遭嚴重的破壞，卻也讓部落居民察覺到環境破壞的警訊，也清楚的發覺到山美社區的潛力，決心搶救山美的生命之河。

地方環境覺醒與努力

七〇年代的臺灣，生態保育的觀念雖已漸漸萌芽，但在當時經濟取向的臺灣，並沒有如何復育一條河川的成功前例。為了部落恢復河川美貌的願景，當時的村長及部落幹部逐一拜訪部落長老，一步一步喚回長老們的感情與記憶，終於獲得五大氏族的同意。找到社區內的影響力，是很重要的事，繼而誕生全臺灣首創的河川自治公約，公約中明定：達娜伊谷是山美村全民共有的財產；拒絕政府任意委由財團投資開發；十五歲至五十歲的山美人，都有義務保衛達娜伊谷。1995 年臺灣第一座社區自主推動的「達娜伊谷自然生態公園」揭幕，社區居民的美麗夢想，終於初步實現。他們除酌收清潔費以作為維護環境之用外，也考慮溪中生態的平衡，在雨季和魚類繁殖期開放曾文溪供釣客垂釣，並提供魚

---

[1] 達那伊谷原本是鄒族敬畏的聖地，屬於那裡的魚與所有動物都不能捕殺，當獵人帶著狗經過達那伊谷時，必須用項圈綁在狗的脖子上，不能讓狗在聖地中任意撒野狂奔。

苗賣給養殖業者。生態公園的收入成就了社區福利、文化承傳和農業改造的基金，舉凡老人安養、學生獎助學金、急難救助、結婚補助及生育補助，都是從社區自主觀光收入來支付的。「如果我們善待達娜伊谷，達娜伊谷將會反哺我們。」，推動人對部落族人的承諾，終於被印證了，更難能可貴的是年輕人逐漸的再回到部落裡工作，積極的投入社區營造的心非常強烈，藉由對於地方的認同轉而對地方文化的驕傲，重現「高山青，澗水藍，阿里山的姑娘美如水啊，阿里山的少年壯如山」歌曲中的美麗畫面。這是少見的社區完全自主的案例，社區民眾自己規劃自己的未來，也成功達到初步的理想，生活得以調節，感情也更緊密，社區營造的實踐在原住民部落中完美的呈現，其實觀光只是部落的手段，重點是達到部落重建的理想。

八八風災後的社區再生

八八風災後，達娜伊谷被上游巨大石塊的所掩埋，園區內原有三座橋跨過，全部被沖毀，原本魚蝦成群，綠樹掩映的達娜依谷溪自然生態保育區，河床已是土石一片。辛辛苦苦所建立的家園就這樣被風雨無情摧毀，生態受傷頗重，但也因之前所凝聚的

社區向心力，使部落很快的動了起來，很快的恢復部落的生氣，而在協力重建中，人的心又再次的凝聚，也更加的團結。2011年重新開園後周末假日遊客量很快的恢復七成，雖然不能跟鼎盛時期一個月動輒十幾萬人相比，但已經看到了希望，雖遭風災侵襲但也因此許多圍繞在園區外與部落無關的攤販也漸漸消失。部落團結的力量就如小鯝魚逐漸回流，象徵著山美部落族人的活力也正逐漸復甦中，讓我們看到鄒族部落堅韌的生命力。

自主社區才能永續經營

　　這個案例之所以成功，在於居民自主尋覓地方在現代化衝擊下的魅力，以環境修護的方式發展深度旅遊魅力空間，地方認同的重構及人與環境的重構，深入而貼近社區活力的在地動員，成功營造屬於自己的環境並細心的維護，惟有深入地方改造軟體才能得到真正的成功，在地商品文化則必須與地方文化相連結才有其原始性，因為地方文化才是事件最基本的靈魂。當然這個案例自然也成為臺灣許多社造地區爭相仿效的案例，但是如以制式化複製方式推動並未能進入真的人的改造及聯繫，反而太過著重於經濟發展，看到的只是「錢景」而非「前景」。事實上，鄉村及其

11

他非都市地區並非附屬於都市的地區,並非僅侷限在提供都市地區民眾觀光旅遊之功能,未能了解社區特色下,社造只會漸漸失去了原意。居民在社區這個文化圈裡的角色,也應該更積極更主動才能建立起自己的社區文化特色,雖同樣是以聚集產業引入經濟及商業活動,在自主社區的基礎中,卻有著不同實踐的意義。

原住民部落 vs.社區營造

臺灣的社區營造實踐下,原住民部落常為各社區之典範,並非原住民較能理解社區營造的意義,而是大部分的原住民並未受到社會變遷人口外移所影響,其部落凝聚力仍是緊密的,當部落人到大都市尋找更多的工作機會時,故鄉的節慶仍是重要的,部落的祖訓在心中也是堅決的,人與人的情感仍是緊密連結的,並未因工作居住地的改變而有所變化。故當人回到部落時,共同目標的凝聚也較其他社區更為容易,有了共識即使受到大自然的侵襲或破壞,修復的力量也較一般地區更為強大,社造的成功不再實質空間的營造,而是能將人與人的心真正的串連在一起,這個案例傳達的價值是原住民對待土地的友善態度。

圖 1-1：溪中巨石嶙峋，清水潺潺，回歸尊重環境的觀念，順應自然才能創造永續的生活環境。

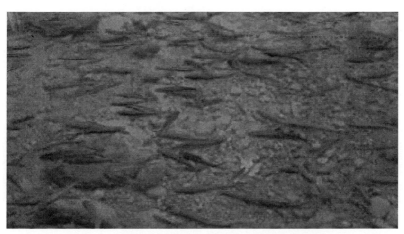

圖 1-2：青澈的溪流與魚群就像一幅美麗的圖畫。

圖 1-3：以社區營造為基礎，減少生態足跡及生態包袱，才能成為真正永續
　　　　發展的的生態社區與整體環境。

圖 1-4：社區居民在這個表演場以鄒族傳統的迎神、小米祭的歌舞表演來呈
　　　　現，表現出傳統文化的特色。

圖 1-5、1-6：讓外來的旅客融入鄒族的生活，人在互動中成長，並非一般
　　　　　　迎合旅客口味的觀光區。

圖 1-7：用傳統生活器具來營造出更具風味的食物。

圖 1-8：達娜伊谷入口意象。

圖 1-9：重建的達那伊谷加上部落團結重建的故事後，更加迷人也更令人感動。

第二章　以失落空間為主體的社區營造策略
　　　　——以民雄鬼屋大與大士爺廟為例

　　日治時代的民雄（打貓）因為製糖產業興起而成為嘉義縣最繁榮的地區。打貓的劉家古厝（民雄鬼屋）及三級古蹟大士爺廟至今都保留了早期珍貴的史蹟及建築特色，近年來又以民雄鬼屋最為有名，位於民雄鄉文隆村的劉家古厝，為劉氏望族於西元1929年所興建的三樓建築物，屬日治末期的巴洛克式建築，由華麗的建築形式不難想像當初落成時的榮景。後來劉家人不知何故陸續遷出，致年久失修的建物遭樹木攀藤，在歲月淬鍊下劉家古厝雖仍然堅毅的聳立著，但空間卻已充斥宛如許多鬼片拍攝的恐怖氛圍，許多繪聲繪影的傳聞油然而生，廣大庭院及建物漸漸被荒煙蔓草所淹沒後，更被傳成鬼影幢幢的民雄鬼屋。近年來在許多所謂的通靈者不斷的宣傳下，劉家古厝成為臺灣十大鬼屋之首。原本人人避之唯恐不及的失落空間，卻可能在此空間背景下弔詭的成為社區再生的契機。鬼屋與神殿，其實是性質一樣的空間，端看如何認定，同時也是提供民眾接觸另一神秘世界的機會。大家怕鬼又想見鬼，一棟偏僻的廢棄豪宅，卻會弔詭的吸引了許多好奇的人前來參觀，這裡瞬間轉化為充滿神秘美感的魅力空間。在民雄這個地方，廟宇卻漸成為了配角，前往民雄鬼屋之前可以先去廟裡拜拜求心安，再前往鬼屋試膽，2011年大年初一至初四去民雄鬼屋「行春」的人就多達千人，天天都有人上門找鬼，

從早到晚平均每小時有上百人出入民雄鬼屋，單日客流量上甚至還曾近兩千人，彷彿就是到民雄與阿飄拜年。這樣的情況也使原本遷離民雄的劉家子嗣再度回到這裡經營咖啡事業，姑且不論是否合宜，但卻也打破了許多改善、改造或拆除地方失落空間改善社區環境的傳統社區營造觀念，新文化與舊事務無縫接軌融合的十分自然。

民雄鬼屋從失落空間到絡繹不絕的人潮，也就在這幾年的轉變。社區營造的策略常希望社區居民藉由營造獨特有風格的社區風貌、優雅有品味的生活環境及具效率且方便的公共設施，來改善「醜陋」的社區風貌，並尋回失落已久的空間魅力。但這個案例告訴我們，尋找社區的魅力與潛力並沒有這麼制式化，臺灣近年來部分閒置空間不斷興起再利用的概念，主要來自國外「棕地」（brownfields）之稱的被廢棄、閒置或未充分利用的房舍廢棄土地失落空間（Lost space）再利用的觀念，故在地方上也一度出現將民雄鬼屋改成大飯店的聲浪，然而一旦付諸實行，建築物特殊性將消失殆盡，不見得可達到活化地方的效果。社區營造推動迄今，其實仍有不少地方值得反思與檢討，其中主要是民眾參與的基礎太過薄弱，部分地方政府制定的提案及受理審查機制較無彈性，造成常因機關所謂「專業者」的意見而失去地方的自主性構

思與願景。故民雄地區應接軌現代新的社區價值觀，巧妙利用地方神與鬼的特質，將地方廟宇節慶與民雄鬼屋巧妙結合，最後藉由社區營造過程提升社會發展體質，創造並引爆社區民眾的參與熱情。

裝神弄鬼文化祭概念就在於劉家古厝（民雄鬼屋）及三級古蹟大士爺廟共存的地方效應，據說大士爺則為惡鬼的首領，後來被觀音菩薩降服而改邪歸正，普渡期間為管理諸鬼的神明，或說其實是觀音菩薩化身為鬼王樣貌以降伏眾妖鬼。粧神則是代表著每年大士爺廟的廟宇慶典中的民俗活動，在這個時候信眾紛紛將神明加披風戴金牌，信眾來此體驗粧神的隆重與認識地方廟會文化及提升人文素養達到傳承與教育的機能，主要廟會活動在於每年的農曆七月中元普渡期間，最後帶著神明的庇祐參加民雄鬼屋探險之旅，同樣在俗稱鬼月的七月，民眾可同時體驗兩個來自不同空間的社區深度之旅。期望嘉義縣民除返「嘉」參予此盛會外，當然也會歡迎外地的朋友攜伴前往與會。在共同探訪與交流，激發地方居民對地方的情感與永續的關懷，也期待社區民眾發揮更多的創意，發展出許許多多的期許和想像，自主營造永續經營的特殊社區重新綻放古建築歲月的光采。

圖 2-1：美麗的巴洛克建築隱身於樹木中，增添一份神秘感。

圖 2-2：大樹盤根像怪獸貼附著古厝，更添古厝的恐怖氣息。

圖 2-3：每個鬼故事裡都有個水井，增加故事的恐怖與深不見底的恐懼。

圖 2-4：大士爺文化祭的看板。

圖 2-5：中元普渡的紙紮大士爺像：每年在這個時候大士爺廟會有一連串的
　　　　普渡活動。

圖 2-6：在活動最後這一天的午夜，會焚燒大士爺紙紮像，焚燒當晚如果你
可以撿到大士爺像的舌頭，那麼來年就會事事順利。

第三章　以重新建立社區藝術價值的社區營
　　　　造策略──五彩繽紛的空間想像：
　　　　彩虹眷村

　　原來臺中市南屯區春安里是由「臺貿五村」、「馬祖二村」及「干城六村」所組成，現但大部份眷村建築皆已被拆除，僅剩下干城六村尚餘。與臺灣其他眷村一樣，干城六村也難逃都市重劃遭拆除的命運，這處舊眷村在文山春安自辦重劃案中，被劃為住宅與道路用地，面臨被拆除的命運，原本難逃現代化衝擊下消失於記憶中，卻因一個八十八歲的老兵讓社區重新獲得藝術價值。當年國民政府迫遷來臺剎那間大量湧入的大陸移民，為解決居住問題，當時政府選擇以眷村的方式安置，本以為臺灣只是中繼站，沒想到卻在這裡落地生根。眷村內各個空間有著其不同的空間權力，一個眷村不同於臺灣傳統的宗親或宗族的群聚，卻用另一種形式凝聚起社區的向心力，軍眷間有著相同的職業，相同的體驗與理念，造就眷村特有的文化。近年來在國軍眷村改建條例的執行下，配合都市更新政策陸續改建，第一代眷民逐漸凋零，社會型態改變後眷村不再像當初受到重視與關注，反而被視為影響都市景觀與落後的象徵。但都市更新論述在臺灣的實踐下，原有居住的居民並無法得到最大的自主權，反而建商主導了一切，大部分眷村空間被改變為集中管理式的集合住宅，原有空間型態大大的改變，造成了都市更新政策的迷思，法令強迫人民必須住集合住宅，恐實有不妥。推土機剷平了居民安身立命數十年家園的同

28

時，也就摧毀了原本緊密聯繫的鄰里情感，得到的結果並非更新後的新住民融入原有社區，而是原有社區的居民漸漸的瓦解而離開，就像是失去一個最親密的家人一樣的悲傷。

這個案例與其他社造案例有著顯著的不同，只是個總長不超過 100 米巷弄中的小眷村，黃永阜先生對於原本要拆除「彩虹眷村」的規劃感到難過，從其 80 幾年光陰歲月中記憶刻印的人物，用許多圖像表達對眷村的感動與紀念，其彩繪各式人像、鳥、花朵及水牛，居民看到他畫的很美，紛紛支持請其也在其他屋舍繪製，我們看到他在牆壁、地板寫上「平安」及「感恩」等吉祥話，看似熟悉平凡的話語，在繁華都市中卻已不易聽到，原本人與人之間言語與言神的交流，在都市中被寫不完的冷漠標語所取代，也就因為在這裡我們感受到曾經擁有的親切，孤寂的眷村頓時熱鬧起來。

多數的社造案例實踐多為增加制式化的社造的實施，多以現代主義純粹空間的認識論模式，許多空間美感多以「視覺」為中心、武斷強調「愉悅原則」（pleasure principle），並未考慮人的心靈層面，在此種考量下，未能真實的改善導致疏離感的原因，空間及相關社會脈絡之間並未連結，而是斷裂的，自然許多社區自此失去了靈魂，而這個靈魂在彩虹眷村我們看到了，圖畫也許不

及電腦出圖或畫家，但其手繪的圖樣個個都獨具特色，以圖畫記下心中特殊的人事物和期盼，所題的字句都是正向的祝福話語，黃先生經過 80 多年的人生歷練，體會到唯有健康平安才是福，藉由繪畫，將祝福傳達給來此的遊人，也讓人更加重視在特殊時空下所衍生的移民文化，更是勾起了許多眷村子弟對傳統眷村生活中的兒時記憶。

因為黃永阜先生在社區居民支持下於干城六村僅有的房舍牆壁及地面作畫，形成宛如彩虹般美麗的景觀，並被稱為「彩虹眷村」，吸引許多人來這裡體會黃先生要給予人的感動。支持「彩虹眷村」的人士紛紛透過網路發起搶救行動，希望保留「彩虹眷村」。這期間搶救「彩虹眷村」的信件大量湧入臺中市長信箱，使臺中市政府重新的檢討，最後決定透過重劃的方式來保留干城六村，作法是把「彩虹眷村」原址在重劃案中規劃為公園用地，藉以保留社區的存在，這個社區就因藝術價值的提升及各界人士的自主力量，成功的免於被拆除的命運。這個案例看到的是社區個人力量凝結外來力量來維護社區的精神，可見社區營造可用任何形式的展現與發展，在這裡沒有華麗燦爛的包裝，卻擁有的是真實真誠的內容。

圖 3-1：牆上地上除圖案以外也會加註一些特殊的文字。

圖 3-2：神保富貴，充滿貼心的祝福。

圖 3-3：牆上的圖案造型生動活潑，又有特殊的規則性。

圖 3-4：連信箱都有其代表的特殊性。

圖 3-5、3-6：牆面美麗的圖案代表老兵對社區的回憶與過去。

第四章　以改善環境景觀的社區營造策略——蛻變的石碇溪畔美麗山街

邊陲的地理位置免於現代化的衝擊

　　新北市石碇區長久以來位於臺北盆地東南緣邊陲的山區，境內多山，開發程度不高且人口稀少。早期以煤礦為主要經濟來源，後來礦產枯竭後人口開始大量外移，故通常給人落後與偏僻的印象，其與鄰近繁華喧鬧的臺北市成為強烈對比，雖然因地處偏僻腹地狹小而無太大的經濟發展，過去除了聽說過登山者前往皇帝殿探險外，並無過多的旅客會在此停留，但卻也因此逃過現代化及全球化的衝擊，仍然保持著地方傳統的魅力與風景。

石碇特色與環境資源

　　近年來石碇開始作一些環境的改善，有別於一般社造環境美化策略，這裡採用的是修補式設計，是結合文化團體及學校在地方上做找社區潛力的事。石碇有著獨特的天然資產，有著高山美景及美麗溪流，與天空編織成一幅縱橫於天地間的大畫卷，溪流才是地方擁有的天然資產，過去曾經有人提議想將溪流加蓋成為停車場，用來迎接更多的外來客，以利地方經濟的發展，幸好並

未獲得地方政府支持，這項提議差點就將石碇最重要的資產給掩蓋了。

修補式設計──人與環境的串聯

現在石碇的社區營造策略則是創造人與溪流親近的空間，讓地方生活的活動範圍得以延伸，橋可讓人聯繫兩岸的感情，橋的設置相形重要，石碇聚落中輕巧虹橋與烏塗溪上的彎弓橋、山溪上的霧影虹橋共同構成了三道標誌聚落的聯繫空間，成功串起了兩岸民眾的交流。在溪流旁則利用木平台、石桌及石板的接連串起樹與溪流與大石之間的親密關聯，人與景就這樣巧妙的被串聯在一起。藉由溪流兩岸的連結，一種因為石碇，而與大自然緊緊懷抱在一起的人間激盪，人與人的生活交織在一起，娓娓訴說著石碇的人文風情及特有潛力。我們看到修補式設計及結合學校專業團體一併參與設計是這個社區營造的重要特色。

社區對環境設計美化的自主

面對全球化脈落下的地方競爭情勢，深刻的地域潛力挖掘是

相當關鍵的。因為，任何地域想要推動社區的再造及打造社區美景，執行的重點是否能掌握到地方潛力是關鍵。近年來臺灣社造的實踐地方景點改善常為重要的策略之一，在社造實踐技術上卻常因一些所謂現代化視覺美感的環境改善，造成社區環境更大的劫難，由於規劃者對地域性未深入的連結，這些所謂的改造因與地域性脫節，導致改造後空間失去原有的地方情感。整體環境規劃設計如僅考量著吸引人潮，增加經濟，卻完全忽略空間與地域性的關聯，僅迷失於經濟效益與產值，將會使原本屬於自己的社區轉變成為觀光景點而改變了原有的社區生活。近年來許多縣市在推動一鄉一特色的政策，希望繼而發展文化觀光事業及促進活化區域經濟。然而地方特色的尋找過於實際或草率，而且並非社區觀光經濟發展或觀光成功，就代表社區營造的成功，政府過度的影響地方的經濟發展方向，將會無形改變了地方社區的自主發展與美化的本質。

改善環境 vs.公民社會

然而石碇住民有強烈的共識，齊心營造更好的生活空間，原先居民和外地「移民」無分內外彼此融合，專家建議與地方意見

相互尊重，也就是用社造來營造公民社會的空間與環境，靠環境的整體性修補創造自給自足的公民經濟，再將環境融入在地的土地認同文化，這樣的力量集結將使得石碇成為宜人居住的有情天地。自己生活在自己的社區裡就應像在自己的家裡一樣毫無拘束，不需因經濟活動而改變原本社區的生活，而是應該讓人參與地方的生活型態及感受，這樣的社區則更為迷人，修補情感的環境設計理念在這裡可以說是十分的成功，有了這樣的基礎在推廣屬於地方的東方美人茶，讓午後的時光有茶香相伴，這就是臺北人所期待的後花園。

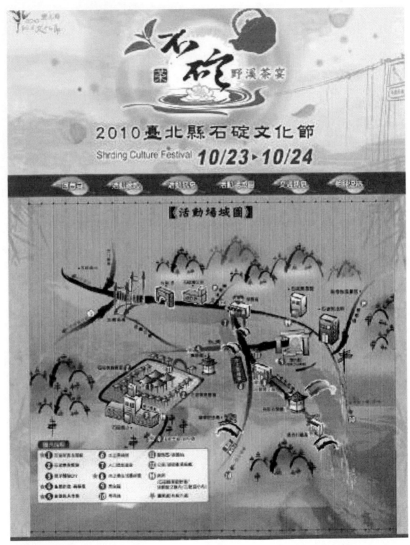

圖 4-1：石碇美人茶節活動。

圖 4-2：樹影溪流與橋都可增加社區生活的領域。

圖 4-3：白色的櫻花點綴石碇更加美麗。

第五章　維護地方流動的命脈──雙溪社區的威尼斯願景

臺灣河川原有整治方式

戰後初期，水利設施多為公務單位所興建，在經濟起飛時，並未十分注重河川環境，多採用最節省費用的鋼筋混凝土施作水利構造物，光滑的表面迫使植物無法生長，魚類等動物無法躲避及棲息，導致河川失去生機，更是無法與環境融合。土地利用價值高的區域甚至將河川加蓋變成箱涵，造成居民無法親水更不可能有生物生長，加上污廢水的污染，河川水溝化，更成為惡臭及髒亂的根源，這樣的情況漸漸引起的民眾對生態破壞的警覺心。

生態工程論述出現的契機

生態工程之觀念乃源自於德國及瑞士。意指為能夠在完成河流治理任務的基礎上亦能達到接近自然並保持景觀的一種自然對策。臺灣則於 1999 年引入生態工程論述，當時適逢 921 大地震對臺灣造成重大傷害，加上 2002、2003 年連續兩年旱災，導致民生及工業缺水嚴重，2004 年敏督利等颱風又產生重大的水患，2004 年 12 月更發生南瑪都颱風災害。一連串的現象突顯出忽視環境面

向的保育，大自然必將反撲，這樣的災害引起民眾群起對水土保持的重視與反省，也造就環境教育立法的契機。

專業規劃下雙溪河整治執行

然而生態工程應建立於民眾參與環境規劃的機制下執行才能使計畫得到民眾的認同，以執行「易淹水地區水患治理計畫」雙溪地區雙溪河整治爲例，雙溪區是北部區域少數仍保有農村風貌的地區，雙溪河則爲東北角海岸風景特定區內的主要溪流，雙溪河成就雙溪獨特的自然與人文地景，是北臺灣第四大河川，也是大臺北地區少數不受污染、依然保留原始河岸的河流。往兩岸望去，野薑花沿著溪流綻放，就像在花叢裡飛舞的蝴蝶，也讓這裡成爲「野薑花的故鄉」。平靜而美麗的河岸，近期吸引許多愛好划獨木舟的遊客，悠哉的欣賞自然的景觀，畫面自在而平靜。在日治時代雙溪河是相當重要的水道，據當地耆老敘述，河中豐富的漁產，也曾是許多雙溪居民賴以維生的重要來源。2007 年中承包雙溪河水系規劃的工程顧問公司將雙溪河整治計畫規劃完成，卻都是比照基隆河經驗，遵照「25 年重現期洪水設計」標準，認爲雙溪河爲防洪保護頻率不夠故導致淹水，這樣的分析顯未重視居

民生活經驗，僅在制式化水理計算公式裡打轉，規劃後兩岸自然植被被挖土機剷除，原本自然邊坡變成了「生態工程」下的蛇籠，在地方來說，走在原本的道路上，堤防阻擋了一切的視線，原本拂面而來的清風被阻擋，河水映著藍天青山綠竹的景象也將消失，即成為瑞芳、八堵或汐止擋土牆的景象。地方民眾普遍都認為是廢耕政策讓許多水稻田消失，致使雙溪河流域土地保水率降低，再加上 85 年雙溪開始進行北迴鐵路電氣化與福基公路兩項重大建設，這兩大建設當初規劃未尊重原有水文及地方景觀，破壞了原有水流路徑及原有土地自然洪泛調節機制，這才是導致雙溪一連串水患問題的根本原因，這是水利專業者所未考量到的因素。故地方居民拒絕接收傳統破壞生態的防洪治理方式群起嚴重抗議，經過生態保育團體與地方居民及代表抗爭下，期望改變現有破壞現況的治水方式以維護社區的命脈，97 年 12 月 23 日當時的政府官員到雙溪區參加健康城市會議，當地居民全力動員，迫使承辦單位及規劃單位重視環境維護問題，並將說明會定位為社區工作坊，加強社區居民的互動，雙溪河才出現回歸在地居民願景及想像的契機。

發現地方的特色與願景

　　雙溪在文字記載中於清朝乾嘉之際即開始開墾。牡丹溪和平林溪正好在此匯流,這也是雙溪地名的由來,在平林溪流域附近,呈典型的河階地形,最主要的地景就是梯田與茶園,現部分梯田已經休耕。除此之外雙溪還擁有金礦、煤礦、砂金礦及水銀等資源,煤礦亦為雙溪早期重要的產業。在採礦盛期的年代,雙溪人口曾高達二萬人以上,但到了 70 年代,煤礦資源逐漸枯竭,而深層挖掘成本增高,雙溪的礦產則開始逐年蕭條,現人口已大量流失。現在雙溪市集最熱鬧的長安街曾是頂雙溪碼頭,形成的型態與其他老街類似,可以見得水與雙溪的關係曾經是如此的密切,不論如何規劃都必須從雙溪水域之生態特性著手才是。

　　臺灣長期以來規劃者自我及主觀的設計,忽略使用者之心理及對社區環境的尊重,即使制定了環境影響評估法,也只限制了部分規模工程必須先施作環境影響評估,事實上無論任何的開發或環境規劃都需由下而上,尊重使用者經驗及環境的維護,居民對於當地的水文水理有著不同於水理計算之自然經驗,許多耆老對水溢滿至一定高度推測即可明確預知溢堤的時間,這是一般水理計算無法得知的自然經驗規劃者應予以重視。

　　這個案例中我們發現社區的力量不只是在城市，在雙溪居民反對破壞生態的河川整治及平溪居民反對興建水庫相關抗爭即可得知，民眾之生態觀念已逐漸覺醒中，社區的力量已經在萌芽。臺灣在面對全球化的衝擊下，產業有增加競爭力之必要，然而若只在意產業開發忽略了永續發展，生態保育便難以顧及，即使以觀光客為主體的觀光產業都應該被以「社區生態」為主體的生態產業所取代，就算是經濟產業也應融入地方，例如便利商店如果設在煤礦文化遺址區，應捨棄其原有型態，也許就是以礦坑型態來呈現，這就是對地方的尊重。

　　總言之，生態工程的出現不僅是在回復河川原貌，更應有整體的區域計畫與規劃，而規劃者必須尊重社區對未來的詮釋及發展想像，以社區營造為基礎，落實地方參與機制，於規劃初期即廣納地方經驗與建議，減少生態足跡及生態包袱，才能成為真正永續發展的的生態社區與整體環境。雙溪居民終於力挽狂瀾，憑藉著自主的力量與對當地豐富的知識，成功地扭轉了雙溪河被「改造」的命運。未來雙溪河將流向何方，有何願景，現在當地居民已有自主規劃的力量，我們期盼雙溪地區未來能成為屬於臺灣的威尼斯。

圖 5-1：以石籠堆疊的護岸，破壞了原有的生態。

圖 5-2：混凝土護岸讓護岸變的光禿禿不易生長植物。

49

圖 5-3：風帆船的活動使河面更美麗。

圖 5-4：雙溪河平穩的水流給予人祥和的感受。

第六章　以建立地方文化特色館的社區營造策略——北投溫泉博物館

社會環境變遷，空間機能轉變下的北投溫泉浴場

　　由於經濟發展與工業化所衍生的都市化與現代化過程對傳統環境之破壞，造成了知識份子與都市裡文化菁英的抗議，大約是在 1970 年代中期，臺灣的歷史建物保存才漸被重視。古蹟保存運動形成了社會與政治壓力，推動了 1982 年文化資產保存法的通過，以及 1984 年完成文化資產保存法實行細則之制訂，開始了許多以歷史建築物爲主的古蹟保存活動，也間接影響了社造的型態。從 1995 年開始以古物古蹟規劃類型，一方面受到文建會的極力推動，另一方面以地方古建物古董爲社造主題的案例漸漸崛起，其中北投溫泉浴場原建於 1913 年佔地約七百坪，是仿造日本靜岡縣伊豆山溫泉建築物兩層樓英式磚造建築，爲當時最大的公共溫泉浴場。一樓爲磚造浴池，二樓爲木造休息區。戰後，此浴場曾一度成爲民眾服務社及游泳池，之後就不再使用，任其荒廢。

圖 6-1：仿日本靜岡縣伊豆山溫泉的北投溫泉浴場，建築為兩層樓英式磚造
建築。

意外的發現重拾昔日的懷念

　　1995 年期間北投逸仙國小的一群師生校外教學中發現這荒
廢的浴場，這個曾號稱東亞最大的北投溫泉浴場，具有保留意義
與相當的歷史價值，但因光憑學校的力量並無法使該建物獲得妥
善的處理，後經社區居民對史籍的研究與四處探查下，才發現一
度被當地人視為鬼屋的老舊建築，竟與北投有著一段無法割捨的
歷史。

市民組織起來，造成保存的力量

經幾次陳情都沒有下文，也充分表現出當時的社會背景，並不重視文化資產的狀況，最後透過社區連署方式向當時的臺北市長陳情，很快就指定成了三級古蹟，並與當地居民開始組成推動小組，推動成為「居民親手打造自己社區的博物館」。積極地向臺北市政府申請，保留將這個公共溫泉浴場成為「北投溫泉博物館」北投溫泉博物館是國內第一個由社區民眾自發搶救下來的古蹟蛻變而成博物館的案例，原來被視為北投文化的象徵以及社區精神的體現，也是地方自主營造博物館願景的重要成功案例。

圖 6-2：「北投溫泉博物館」是國內第一個由社區民眾自發搶救下來的古蹟蛻變而成博物館的案例。

透過社造而成立社區博物館的雛型已經浮現，而北投溫泉博物館的案例重點在於社區自主經營的精神，並非興建博物館就可使社區達到怎樣的商機，如果未能深刻了解地方定位，只為了經營而經營，所衍生出的許多蚊子館，即會只有短暫風光，而無法永續發展（Sustainable Development）。

尊重地方無法取代的在地集體記憶，創造新的社區願景

每個社區都應有其特色及其各方面的潛力，但都必須建立在社區參與的機制下，博物館的建立或許真的有一定的商機，也許真的可以使環境改善。環境的改善及改變實際上是一種精神的療癒，唯有地方自主營造的環境才能達到最佳的癒療效果，不當的商業化對社區或許會是另一種的破壞。民眾不能只能期待選舉當選者來改善現況及環境，這樣只會漸漸失去社區自主的能力，必須靠自己的力量來規劃社區的未來。社區為公民社會發展的策略，不能被誤導到視社區為靜態被動的客體，被政府或專業團體所塑造。專業者如果無法做到「與地區居民共同規劃」（withpeople）提升到「由地區居民自己來規劃」（bypeople），原本草根民主的社區就變成仍需對抗所謂的專業者所造成的影響，故規劃的團隊

必須融入地方，尊重社區意見而非以「專業」來改變社區的願景。

圖 6-3：館內志工帶學校學生清潔地板。

　　以建立地方文化特色館的社區營造策略，對北投居民來所說老舊而閒置的北投溫泉浴場，蘊涵著新建物所無法取代的在地集體記憶，這個老舊建築物除喚起了當地民眾組織起來將它保存下來，最難能可貴的是博物館用自主經營的方式，由社區民眾親自「參與」地方文化特色館的經營，這個案例不僅只是古建築生命的延續與再生的成功，更是成功將人心聯繫起來的重要案例。

圖 6-4：國小鄉土教學與歷史回顧。

圖 6-5：從北投圖書館遠望溫泉博物館。

第七章　以地方文化節做為社區營造永續發展策略——以三義客家桐花祭為例

「社區節慶」顧名思義就是由社區辦理的節慶活動。「節慶」是意指大家聚集在一起慶祝或感謝的活動。節慶活動與神話、宗教和族群傳統都有一定的關係與連結。近年來被視爲是建立社區特色，營造團結形象及贏得競爭優勢的必要策略之一，故各地方社區各種地方節慶相繼不斷的出現，目的多僅是係針對某一特定的主題，事先透過安排活動，然後公告活動的預計內容與時程，並採取公開的方式進行慶祝或展示，以達到吸引外地遊客前往活動地旅遊消費。事實上，這樣的活動辦理並無法與社區眞正聯結並在地方深根。

讓節慶活動扎根在自已所在的社區，融入當地民眾生活當中，融入社區環境景觀及地方產業當中才是最重要的。活動如並非社區居民自主性辦理，最後只有將活動委託給一成不變的公關公司執行，節慶活動自然是和地方是脫節的，民眾參與被侷限在參加活動而非參與活動規劃，參加活動的人多也並不代表活動成功。同時，探究社造活動舉辦模式如未考量地域性，而偏重經濟效益，則除了提振經濟產值、觀光效益及政治計算，事實上已脫離了文化內涵與社區深耕的長久意涵。

面對全球化脈落下的地方競爭情勢，深刻的地域潛力挖掘是相當關鍵的。因爲，任何「地域」（LocAlity）想要推動文化的再

造及打造社區美景，是否能掌握到地方潛力是最爲關鍵的。這在於臺灣社造活動的舉辦是相當重要的一環，在社造實踐技術上卻常因一些所謂的文化季活動的舉辦，反造成社區更大的劫難，由於對地域性未深入的連結，這些活動因與地域性脫節，地方僅考量著吸引人潮，增加經濟，卻完全忽略活動與地域性的關聯，所有夜市文化充斥著整個活動，迷失於經濟效益與產值，僅以此做爲評估活動效益的指標，那麼臺灣有許多能夠深化社區與文化內涵的活動根本無法存活，現以三義客家桐花祭爲例，簡述文化與節慶的連結。

桐花就是油桐花，栽種約兩年就會開始開花結果。每年到了四、五月，便會開出滿山遍野純白的油桐花，朵朵散落在其他樹葉、建築物屋頂或產業道路上，遠遠望去產生一種如雪片覆蓋的詩意景象。油桐樹主要生長在桃園、新竹與苗栗一帶山區，也正好是客家人所聚集居住的地方，故當然與客家族群有很大的淵源。追溯油桐樹的種植起源，約爲民國四十年代，當時臺灣商人爲因應日本大量的木材市場需求，最早由客家人引進種植。其實種植者原本是要種梧桐樹，但由於梧桐經常染病不易照顧，就以材質類似的油桐樹來作取代，而日本人也不疑有他，繼續以梧桐樹之高價與臺灣商人交易，導致原本沒有種油桐樹的人也都開始

搶著種。由於油桐樹長的比梧桐更快，大量輸出油桐的結果終究被日人發現，從此拒絕再向臺灣採購梧桐。當年緣起於「仿冒」而搶種的山寨版梧桐樹，迅速變成一文不值，只能任油桐樹滿山蔓延，造成今日客家山區遍佈油桐樹的現況，反而因此保留客家村的潛力。

油桐花之所以會和客家文化關連在一起，成為三義客家桐花祭主角，主要是因為油桐花大多生長在客家村。若少了客家村與文化傳統的陪襯，油桐花將失去族群與文化脈絡的想像，而成為只是生長在某個山區的花海，除了美觀外並無實質的意義。近年來的客家村凋零已是普遍現象，猶記十年前進入桃竹苗客家村莊，都有著濃厚的客家意味，現今已大不如前，年輕一輩能講客家話已經是十分難能可貴了。故三義客家桐花祭中應以客家村的永續經營的社造做為基礎，必須讓當地的客家民眾實質的去參與整個活動的推展而並不只是參加，如此一來不但能夠結合當地客家人的特色，也能提升當地居民投入感及參與感，更能加深整個活動辦理的深度與感動。

三義桐花祭節慶活動的舉辦過程，如能保持社區營造的理念、方法和目標納入其中，讓油桐花與客家村的精神相互襯托，才能令遊客感受到客家桐花特有的文化情意及客家精神。當地自

2002年的客委會主辦地方政府協辦的活動主題訂為「看見桐花，看見客家」，2003年「賞桐花，遊客庄」至2011年「桐慶花舞客庄」，已開始結合地區鄉土特色與自然景觀，由各地方政府、遊樂園及勝興車站參與辦理，唯並無地方太多自主團體參與規劃活動內容，甚為可惜，若能落實民眾參與及自主規劃，則節慶舉辦就更有意義，這個案例也許仍有些許的不足，但大體上已以社區營造理念為根本。

近年研究檢討發現，社區節慶在如缺乏民眾參與在活動的辦理上則無法永續，臺灣普遍出現的問題在「複製化」太多，一樣性質的活動重複性高，雖然活動名稱不一樣，但節目內容卻大同小異，就像夏天到了全臺都在「燒」海洋音樂祭，光七、八月全臺這類的節慶活動有數十場，相互削弱活動吸引力及削弱資源分配的問題，再加上與地域性的脫節，「節慶行銷地方產業」成效也就可想而知。在全臺灣被抄襲複製後，成為地方派系爭取縣市或中央經費，誇言政績的擋箭牌，內容缺乏文化深度沒與社區結合。相同的如在臺灣桐花節全國都在舉辦，這個節慶如僅欣賞花的美，而花與地方文化缺少連結，則毫無地方性可言。經由調查辦理節慶的案例發現，除了在於創造地方經濟價值，有許多並未考量地方文化的永續性，以及考量地域性的文化及民眾參與，當各

地在「創造」節慶的同時，往往檢討經濟利益不如預期時，難以再投入經費繼續辦理的狀況。

　　社區節慶是當前世界各國突顯地方文化特色及帶動社區再生發展的策略。在社區總體營造概念啓動下，臺灣的社區節慶漸漸蓬勃發展，但是也帶來一些負面的影響，以前我們記得過元宵節時，家家戶戶提燈籠，到處都有節慶的感覺與感動，但在近年來政府主導的嘉年華會型式節慶興起，似乎元宵節只有在特定的地點才會出現提燈籠的場景，其餘各地小鎮卻漸漸失去了過節的氛圍，在節慶本意越來越被淡忘時，如何凝聚民眾自主參與意識，眞正達到社區永續發展的目標，才爲社區節慶辦理時必須審愼評估的問題。

圖 7-1：滿地的桐花地毯，有著雪景般的美麗。

圖 7-2：山區濃霧瀰漫的油桐花更添幾分詩意。

圖 7-3：夾雜在綠色中的蒼白，如同葉片上積了雪。

圖 7-4：2010 客家桐花祭「桐舞春風　樂揚客庄」活動民眾熱烈的參與。

圖 7-5：滿山的桐花就像下雪一樣美麗。

圖 7-6：桐花亦可見證每對美麗的愛情。

第八章　以工業產業遺跡的社區營造策略——
　　　　——今生今逝煤完煤了猴硐區域發展

　　日治時期，因猴硐居民以採礦維生，不喜歡礦坑洞裡有水，而將猴洞改名「猴硐」，而猴硐煤礦一開始則為日人所經營開採。1934 年李建興自創瑞三礦業公司，承包猴硐的礦場。1944 年日本警察以李氏家族及礦工謀反為由逮捕五百多人，直至二次大戰結束日本人無條件投降，始獲釋出獄。正因遭逢如此之變故，使李氏發覺與執政者保持良好關係的重要性，更影響了後續猴硐的發展。日治末期的猴硐因大量採礦，改變了原本的空間結構，當產煤的消息傳開後，許多佃農及各行各業的人攜家帶眷的來到猴硐這個新興的礦場，有別當時以家族宗親凝聚的部落，礦業重新聚集了一個新型態的聚落。但在日治時期這些礦工並沒有長住下來的打算，也就是心中的「家」還在原遷出的地方，當以生命積蓄了一些存款，總是會在回到原居地，從當時猴硐多數房舍為簡陋的搭設及帳棚即可得知，這就是當時猴硐地區主要空間結構。

圖 8-1：猴硐的運煤橋：橋樑基礎為日治時代的結構物。

臺灣光復之後，李氏搖身一變成了抗日英雄，其參加「臺灣光復致敬團」覲見蔣介石，返台之後成為首任官派瑞芳鎮鎮長，同時他買下猴硐所有的礦權和設備，猴硐儼然成為政治與經濟結合的地區。戰後的猴硐在政治與經濟串連後，經濟資本家轉變為瑞芳鎮長，猴硐成為旅人的新故鄉聚落（Clusters）儼然成型，石造、木造及磚造建物沿著基隆河及山坡大量的出現，與九份、大粗坑金礦開採時間比較下，猴硐煤礦開採晚了許久，故在九份及大粗坑金礦開採殆盡時，猴硐正是煤礦開採的全盛期，許多九份跟金瓜石的礦工陸續遷到猴硐，這群較晚的近距離移民，約聚集在粗坑口一帶定居，在此時猴硐的主要聚集型態已經成形。在當時猴硐就像一個家，許多鄰里間的糾紛也都由瑞三來協調，瑞三公司造就了猴硐的礦業王國。

　　美景不長，由於採煤深度越挖越深礦業的利潤逐漸薄弱，礦產開採漸漸出現不敷成本的現象，加上鐵路電氣化及民國73年臺灣發生三大礦區災變，導致執政者對煤業政策開始改變，所以瑞三煤礦也在民國79年宣布停產，在產煤時外地來的礦工很多都還住在工寮，因為工寮是「同礦公會」出資興建，而同礦公會的錢是從礦工薪資中抽一部份集資所興建，也就因此奇妙的保存了特殊的礦業社區得以不在礦業停產後立即被瓦解。

圖 8-2：消失的村落-大山里：草叢裡藏著許多消失的房屋，代表大粗坑過去挖礦的歷史。

地方博物館在北投溫泉博物館成立後，地方博物館如雨後春筍般出現。此時在臺灣逐漸開始興建一系列的產業博物館，漸給予社區民眾興建博物館即帶動經濟的觀念，使得地方政府有意興建猴硐煤礦博物館的念頭，急著規劃著將原本礦業遺產「轉型」改爲商業價值，原本重要的精神場所運煤橋也在「專業團體」的規劃下，本欲搭上現代化霓虹燈光演出。但在地方社區居民的不斷努力下，所有的規劃漸漸改以保留現況爲基本依據，原住居民得繼續自主規劃社區的未來，此時社區自主規劃的力量展現無

疑。如何維持猴硐的獨特性與跟上全球化浪潮的取捨中，以深度體驗旅遊抵抗經濟化帶來的地方破壞，爲該區域以工業遺產再活化論述，這是地方在引入經濟活動前所需做好的工作。

　　事實上，如何完整展現一個建物於各時期代表的歷史意義比建築物本身更加重要。所以除了宣傳地方實質的建設、地方活動、導覽手冊、宣傳單及紀念碑外，更需要部分的故事性，這樣的宣傳方法比任何活動的舉辦更加有效，利用現有網路資源塑造屬於猴硐的故事，讓來深度旅行的人，更加深刻的了解地方發展歷史。也許宣傳方式可透過網站資料上傳猴硐的相片、資料及迷人的故事，強烈驅使讀者來到了猴硐，如同礦區對面的貓村，也因有著故事性與張力，吸引遊客前來探訪。

圖 8-3：情人走在通往復興坑的天然隧道中。

在日本電影扶桑花女孩中，礦區人民面對日漸凋零的礦業，自主自發的規劃社區的未來，決定興建夏威夷度假村來振興經濟，招募當地礦工女兒們擔任度假村中表演的草裙舞女郎，最後終於成功地在寒冷北國創造出夏威夷奇蹟。猴硐人顯然並未察覺礦業即將衰敗，但現今的猴硐也並非一無所有，特有的空間本質造就猴硐變成大臺北秘密桃花源的潛力，比起臺北城的現代與迅速，九份的擁擠與嘈雜，猴硐以故事宣傳塑造浪漫的貓村，彎曲成拱的瑞山大橋就似牛郎織女相會的情人橋，巨石象徵堅定穩固

的誓言，溪流代表纏綿浪漫的愛情，空間中充滿浪漫、流動與堅定的對話，在「金生金逝，煤完煤了」的地方享受著「金生金世，沒完沒了」的愛情。在當地鄰里及居住過的人來說，猴硐的每個景物都代表過去辛勤的回憶，也是凝聚感情的空間，不同的人來到這裡有著不同的感受，這些在在都代表著猴硐的新定位。

圖 8-4：猴硐貓村的可愛標語。

一般社區規劃方向都想把地方經濟化及商業化來保持社區的存在，猴硐不像一般商圈的「被」商業化，而是嘗試讓商業化融入猴硐社區。商業的發展並非是不好，主要是必須由地方民眾自

　　主的維護與永續經營，商店來到了猴硐就配合地方做成礦坑的意像或者貓村的元素，如任何建設是以當地社區作為最大的自主主導者，每個社區都將有潛力成為最具特色的社區。

圖 8-5：從貓村看選煤場。

圖 8-6：整修後的運煤橋。

第九章　以地方廟宇為主體的社造策略——
以紫南宮為例

　　文化是在人的相處與活動中所發展出來的，漸漸影響到人的行為及價值觀，也會影響對地方和空間的態度與想法，故特定的地區或建築物會受文化影響界定其意義。所以文化為社會中、社區或族群中歷經時間變遷所累積的價值、思想體系及活動，形成一種獨特的價值觀融入生活之中，並會產生一種制約的模式或習俗。

圖 9-1：紫南宮的外觀與一般廟宇相同，卻是充滿了地方文化濃郁的感動。

　　文化伴隨著族群隨著時間變遷與地域特色，會各自形成其他地方性具獨特性的文化。由於當地文化的同質性以及區域文化的

異質性所形成的地區獨特性，並且具備與時俱進的良好傳統及經驗傳承，故社區營造及環境美化都應對地方既有文化深刻的瞭解並予以尊重，在整體都市化以後，宗親鄰里的觀念被打破，靠廟宇及祭祖活動的感情聯繫更加重要，許多人每年與親戚的見面除了婚喪喜慶以外，就是宗教慶典了，倘若有一天這些都走入歷史了，宗親間的聯繫將可能比現在更為疏離。

　　過去農業社會時代，廟宇宗祠對地方文化的形成有相當的影響，民間戲曲的演出，其動機及場合皆顯現出濃厚的宗教氣息，廟宇與社區族群之凝聚有著密不可分的關係。從前廟宇神誕或建醮慶典演出，除了有娛神心意之外還代表感情的交流，但如今廟會等活動已逐漸變質，漸漸變成表面形式，失去了原有的娛樂及社會交誼等生活化的功能，這樣「形式化」的結果，便是表演藝術的「廉價化」，加上部分單位主導的文化祭，常以夜市文化來呈現，從傳統的布袋戲團或歌仔戲團，演變到電影版，現在甚至出現許多非本地性質的表演，街舞比賽、少林拳道協會武術表演及中東肚皮舞等與地方無關的表演，也讓活動變了調。

　　許多案例在此理論下文化被商品化，漸漸變成了夜市文化，民眾只走馬看花的參加而未參與，而且所謂的民眾多只是觀光客，也使很多社會問題失去利用社區凝聚而解決的機會，它可能

會只造就一個為了觀光客而重建的社區，而不是一個為了市民而重建的社區，然而缺乏地方特質的營造，即使短期吸引觀光客的到來，失去價值性以後永續經營變成遙不可及的事。

南投竹山的紫南宮便是地方重要的廟宇，也是許多民眾凝聚的地方，其建立的淵源充滿著『嘉慶君遊台灣』的故事，且還有雙龍護廟的傳奇，更建立起地方上崇高的地位。另一特色為金雞給予信眾財富的傳說，在農業社會雞代表著財源的延續，雞生蛋·蛋又生雞延續不斷，也代表著讓求得金雞的香客有土地公、土地婆保佑讓財源滾滾的意思，在民間的習俗上，得到金雞的人，可以獲得土地公的保佑，使其富貴發財；金雞在台語的諧音上，有金錢愈加愈多的意思，所以我們看到許多人都來求金雞回去奉祀，期待能讓來日可以得到更多的財富。

紫南宮在清乾隆 10 年創建，祀奉福德正神，據說早年社寮里民家中添壯丁都會請村庄內全部的里民吃雞酒，稱為吃丁酒，而里民在土地公的庇護下每每向土地公借錢投資都會賺錢，等來年再還錢，日久成習，求財信眾賺錢後再增添香油錢，這就是這個習慣的由來，我們看到從前的人心透過廟宇巧妙的聯繫在一起。

圖 9-2：供香客自行貼金箔的金雞，漸漸地牠會變成真正的金雞。

　　除此之外加上貼金雞等儀式，使地方信仰更為生動更增加香客之記憶，所以地方的營造其實除了需要實質規劃的能力外，更需要有豐富的故事性，才能營造地方獨特的文化特色。

　　與一般的社區營造不同，以地方廟宇為自主主體的營造更具凝聚力及主導性，求金還金與求金雞回家的程序，也等於是宣告下次再來的時程，更是對神明的感激與感動，事實上，可以做的更細心，更加人性化。當社造推行未考量地域性的同時，文化常被廉價化，文化跟商品跟食品等質化，淪為夜市文化商品之一環，

當多數社區處在永續經營即是要發展產業或增加收入，以藉此延續社區生命力時，似乎是依據福利經濟學的概念，要以經濟發展來達到社會每個人都是快樂的原則，但是常會因此失去地方文化的獨特性。曾旭正提出，「人的經營，才是永續之道。」一旦忘卻，很容易扼殺掉有心經營社區者的熱情。

「金雞添金發財」

一.貼雞嘴，乎你大富貴

二.貼雞胸，乎你家和萬事興

三.貼翅股，乎你娶好某

四.貼雞尾，乎你賺家伙

五.貼尻川斗，乎你才高八斗

六.貼尻川空，乎你嫁好尪

七.貼金雞卵，貼圓圓，乎你賺大錢

八.金雞貼透透，福運攏總到

祝福詞

圖 9-3：貼金箔帶給你的好財運，不管貼哪裡，
都為你帶來好運。

圖 9-4：鑽進金雞洞銀用不完的意思。

　　紫南宮其實擁有著廣大土地公信眾，除主要廟宇外，營造環境的融合也相當的重要，重點在於感覺，其實不需這麼真實的將土地公像做出來。《臺灣省通志》中即說明了土地公金之意：「農家力田為生，其心理以為平日辛勤之所得，乃寄託於土地菩薩，於二月初二日，以紙錢（俗稱土地公金）繫竹枝，插立田間，奉獻土地神；中秋日亦如之，蓋古春祈秋報之遺意也。」，而此用竹枝或蘆葦枝夾土地公金插在田地上，也稱為「安土地公拐杖」，民間以為土地公年老行動上較為不便，故在巡視田間時，需要作一

「手杖」以便利土地公巡視田岸，其心意甚為體貼，而土地公金，則是作為答謝土地公之「禮數」，祈求土地公在巡視田地之餘，能賜予農作物順利豐收。

在共識的基礎下，故其環境營造相當具有轉化為象徵意義的潛力，例如環境周圍可種植製作拐杖的樹木，代表土地公守護這片土地的象徵等。土地公本為守護土地的神明，人類不當的開發卻是破壞土地的原兇，更因藉由地方象徵的力量，利用祈福之儀式給予大家正確的觀念，地方除了求金更應愛自己的土地與傳統文化，如能延伸期更大的意義成為對年長者的尊重與關心，社區整體營造將更兼具內涵與實質的效益。

圖 9-5：紫南宮旁的地瓜攤販，若能塑造為受土地公庇祐而出產的「地瓜」
則更具地方特色。

第十章 維護自然環境的社區案例——淡水海口沙崙地區之展望

沙崙地區之歷史淵源

沙崙海水浴場一帶曾為清朝清法戰爭的古戰場，1884 年法軍在裝置優良砲彈設備艦艇掩護下在沙崙一帶企圖搶灘登陸，清軍當時利用三面沙丘環抱的地形擊敗法軍，這即是著名的「滬尾血戰」，這是清朝在臺灣打的唯一勝仗，有著深厚的歷史意義。

血戰後的平靜與安逸 vs. 海水浴場的開闢

血戰後，沙崙地區的居民通常以捕魚種田為生，是一個傳統的漁村社區，居民日出而作日落而息平凡而踏實。民國 65 年，政府的力量首次改變了沙崙社區原本的空間生活型態，在這裡開設了『沙崙海水浴場』，由於海水浴場帶來大量的觀光人潮，也就改變了社區居民原本的生活型態，家家戶戶開始到海水浴場擺攤做生意，也都放棄了原本平凡的生活，有的時候甚至連半夜攤子也都不能推回家，為的就是佔一個好位子，可見當時海水浴場的榮景。

實質利益造成空間環境的轉變

　　沙崙海水浴場沙灘平廣，三面沙丘環抱，海水清澈，沙灘與深水區有相當的距離，在其間游泳及戲水安全無虞，當時每到夏季，海水浴場人潮洶湧，這樣生意盎然的轉變所得到的實質利益，在當時也被居民所接受，鎮公所也因管理而屢獲全省「公共造產」首獎，一般台北人對沙崙從前的盛況都會有印象，現在已經成為過去的記憶了。

現代化的理想空間想像卻引來更大的環境浩劫

　　然而政府的力量再度影響社區的轉變，垃圾掩埋場、污水處理廠以及新市鎮的開發，這個耗資 1 仟 400 多億的造鎮計畫，原有在民國 104 年吸引 30 萬人口入住的繁榮想像，故在「沒有珍貴的海洋資源」的前提下創造出海埔新生地，以做為焚化爐及垃圾集散地之用，結果現代化的開發使得海水逐漸被嚴重的汙染，水質含銅量級生菌數變高，海岸新生地的填築更造成珊瑚礁海岸被毀、綠蠵龜被困，最後連最原始的漁業資源也破壞殆盡。導致沙

崙海水浴場漸漸經營不善，原本平和的海域也開始出現暗流與激流，被列為危險水域後於民國 87 年關閉，淡海新市鎮也未如預期的成功，再也找不回的是原本美麗的貝殼沙海岸線及漁業經濟與社區。

自然生態才是社區最大的資產——拒絕重蹈覆轍——覺醒與展望

然而就在淡水新市鎮開發不如預期的情形下，1996 年政府檢討後歸咎於交通建設的問題，故規劃在淡水河北側沿河興建快速道路，從沙崙到大度路全長約 12 公里，這次地方文史團體、環保團體及居民共同發起「全民搶救淡水河聯盟」，全力阻止環境的再次破壞，1997 年起各團體堅持反對了 3 年，2000 年全案因環境影響評估沒有通過，反對運動成功。但是政府的力量並沒有停止對此區塊的建設，2006 年類似的案件又悄悄重起爐灶，民眾再次凝聚起來反對淡北道路之興建，拒絕再次因建設再度破壞原有的生活環境，後又傳出「淡水新市鎮輕軌捷運」的規劃，雖然這些建設都說是為了淡水發展，然而這是誰的淡水？該如何發展該由誰決定？

文化創意區的沙崙空間想像

　　淡海新市鎮在沙崙這一帶規劃的多為富麗堂皇的別墅，其實距離沙灘不到 100 公尺，然而現在整個沙灘常是滿佈垃圾與廢棄瓶罐及違法的遊客，筆直的馬路也變成飆車族與煙火族的發洩場地，民間團體發起淨灘活動，企圖恢復沙灘的美貌，每年的 5 月到 9 月救生委員會也會派員勸導遊客及防範違法下水的民眾有任何的危險，這種情況在經過各團體的反應與抗議多年後，政府決定將沙崙規劃成「淡水文化創意產業園區」，預計創造 10 億的投資額，增加約 150 人之就業機會，這是繼淡海新市鎮後的另一個發展大夢，然而這個夢是誰的夢？最後犧牲的會是誰？值得省思，以經濟發展為前提推動下的地方建設，多為由上而下的機制，透過主導者對地方的想像創造，建構屬於想像世界中的在地文化與認同感。這種情況常致使建設本身只是在包裝上添加「增加收入」及「高度文明」的符號與迷思，也許可達到吸引部分觀光遊客的目的，但如此的實踐存在著許多問題。

在地人的爭取與困難

　　經與在地人淡水商工家長會長高文雄先生訪談後表示，沙崙自然生態環境的改變影響到原有地方鄰里宗親聯繫的情感的消失，原有沙崙地區的廟宇的活動參加人數漸漸減少，高先生要求兒女務必參加這類活動，才不會忘本。但是出外找工作的人越來越多，地方人都留不住，這才是社區真正的隱憂，淡水有水景、山景及古蹟名勝，但在肆意開發與氾濫炒作，土地漸漸被商品化。如果一切發展皆以經濟掛帥，過度向財團利益傾斜，地方真的需求並無法被顯現出來。雖提出許多發展願景政策，但部分政策欠缺各部門的整合，皆成為遙不可及的夢想。他們做的是在教導學生及下一代維護淡水的生態及資產及淨灘的同時，卻看到淡水捷運站後方進行大規模填河造陸工程，將原有沙洲濕地及行水區填土覆蓋，使捷運公園後方至淡水區公所間之金色水岸水域空間消失，就為了增加出 3 公頃空地，要建設地方，實質上應該是以地方民眾為主，而非以觀光客為主，未以地方為主的工程及建設往往就是最大的破壞，政府也易漸漸失去地方民眾的支持，期望的是以凝聚地方精神的環境建設，重新凝聚漸漸失去的社區精神。

參與＝告知？

對於沙崙整體環境的破壞，政府必須給予民間團體及沙崙居民一個回應，成立文化園區的規劃儼然成為最佳的工具，整頓打造淡水文化創意產業園區成為政府的新政策，但是整理考量仍為商業考量，並推出租金優惠方式，來吸引民間資金投入，然而商業行為的蓬勃就能幫助沙崙海水浴場重生？所有文化園區建設經費的主要來源來自政府，地方性的自主參與機制？所謂的參與多充其量僅是在說明會上簽名背書，即使不論提出任何意見都必須聽命於專業規劃者的安排，其實這種方式充其量僅能叫做參加而非參與。這到底是誰想像的文化？還是為遊客考量的商業文化？資本家的投資文化？主體顯已混亂。經過這麼多次的轉變，沙崙地區的自主團體已能充分了解社造的真實意義，並期待參與整個沙崙地區的規劃能夠融入地方，創造出屬於當地願景的未來。

圖 10-1：沙崙海水浴場著名的結構物。

圖 10-5：美麗的沙灘未來將何去何從？

圖 10-2：關閉後的海水浴場。

圖 10-3：各民間組織之海灘淨灘活動。

圖 10-4：在沙崙拍攝婚紗的情侶們。

第十一章　將藝術氣息引入社區的社區營造策略——汐止夢想社區

　　汐止夢想社區每一年都會舉辦夢想嘉年華藝術踩街活動，這是一個集合了成千上萬國內外群眾共同展演藝術的舞台，就如國外嘉年華一樣熱鬧的景象，在臺北街頭每年定期上演。這個社區跟一般社區營造案例較為不同，主要的差異因為他是一個完全新的社區，是由夢想社區的建商一步一腳印的開始打造夢想社區。他的主要理念是在社區內植入藝術的種子，以藝術創作為主要號召與社區潛力，替夢想社區找到一個不同於其他社區的方向。有別於一般建商大都只投資以營利為主要目的，銷售一空以後做的就只有售後服務，建商與居民的關係不但是不連結的更是現實的，夢想社區的建商就像在挑戰不可能的任務一般，畢竟當時在臺灣「藝術」在大多數人眼中，還是一個僅供欣賞且抽象的名詞，很少有人認為可以這種方向來凝聚社區的人。但最後他們靠著毅力成功做到了，夢想社區成功為提供一個能夠用力吶喊夢想的舞台。

　　夢想社區位於汐止市湖前街上，鄰近金龍湖，主要是由 1996 年所興建的「青梅竹馬」建案、1997 年的「東湖畔」建案、1998 年「花好月圓」建案等三期及第四期的「夢想藝術村」住宅大樓所組成。常見的遊行、劇團及才藝表演，是由「夢想社區文教基金會」所舉辦，與各建案的社區管委會並沒有太多直接的關係。

夢想社區文教基金會目前主要是靠社區中自主經營的餐廳收入（咖啡樹餐廳、楓香茶館及木頭馬丁手工坊）及開辦才藝班等為主要的經費收入來源，自給自足居民不需再另行繳款辦理活動。夢想社區營造的氛圍其實充滿了童話的色彩，綠蔭草地內許多動物都與社區成為朋友，加上藝術家戴著笑容進進出出，社區充滿著人與環境所營造的溫馨，彷彿讓人感覺到兒時鄉村人與人到處可見的親切感。夢想社區文教基金會目前主要是靠社區中自主經營的餐廳收入（咖啡樹餐廳、楓香茶館及木頭馬丁手工坊）及開辦才藝班等為主要的經費收入來源，自給自足居民不需再另行繳款辦理活動。夢想社區營造的氛圍其實充滿了童話的色彩，綠蔭草地內許多動物都與社區成為朋友，加上藝術家戴著笑容進進出出，社區充滿著人與環境所營造的溫馨，彷彿讓人感覺到兒時鄉村人與人到處可見的親切感。

圖 11-1：夢想社區結合多位國外藝術家，製作各式各樣色彩豔麗木偶。

圖 11-2：龍潭鄉佳安社區客家大偶參加夢想嘉年華踩街。

　　社區除了每年的嘉年華會之外常舉辦豐富又多元的活動，提供社區居民及參與民眾盡情揮灑創意的機會，讓居住在此的住戶對社區有著歸屬感、責任感及光榮感，這是在繁華臺北城裡難以搜尋的向心力。當初這些社區的居民都是來自於不同地方的異鄉客，但藉由社區營造的力量，具體的向夢想的目標實踐，每年的「夢想嘉年華藝術踩街」活動，除成為國內社區營造的重要標竿，甚至連國際電視頻道也曾造訪報導過，在這裡每一個人都是夢想家，夢想一但被賦予了靈魂就活了起來，這裡的人不會盲目的追

求利益，因為他們體會到工作是為了過更有品質的生活，而不是為了工作犧牲了生活。

在臺灣很多的社造的實踐，多以實質空間改善為主要模式，並未真實的改善人與人疏離感的原因，營造的空間與社會脈絡之間非但並未連結，而常是斷裂的，自然許多社區自此剩下規律的「美」而失去了靈魂。臺灣在經濟起飛後人口大量迅速的北移，原有鄰里宗親結構遭到打散，人與人之間關係漸漸冷淡，工業化的結果人漸漸失去人情味，凡事以現實做為考量，在臺北城裡不用開口也能渡日，人與人之間的溝通漸被冷漠的指標所代替。

圖 11-3：夢想社區燈籠製作。

近年來許多教導人迅速得到利益目標的課程不斷興起，教導著人要自我，要麻痺自己不要陷入感情程式內，這樣的教學令人十分憂心，為了得到個人利益的目標，教導人不需要有太多的群體觀念及感情。如此一來人心就是自私的與自我的，加上臺灣民眾長期被刻板式教育方式所影響，上課者撥接的話就是真理，因為兒時課本上所寫的就是能讓你得高分得到父母的獎勵與愛戴，在此觀念下許多這樣的課程被奉為極品與聖經，再加上許多理性書本上教導的厚黑理論，使人肯定自己自私有理不必在意太多感情與感動，這是一個很可怕的結果。

　　舉例來說：從前的工作老闆與員工之間關係是親密且有感情的，近年來漸漸的員工被機器化，當老員工已無法達到公司預計的生產能力時，就像變賣運轉多年的機器一樣，將他裁員卻不會有一絲的難過反而會對下一臺更先進的機器感到滿意，相形之下員工一樣僅將老闆當成發薪的機器，沒有所謂的共體時艱，也不願為公司多做一點點工作範圍外的事。

　　如何改善人與人漸趨冷漠的關係，恢復我們對世界的真實感受，才是社區營造所必須優先處理的問題與重點，這是一個新故鄉的建構，這不是空間美化或者環境改善就可以輕鬆做到的，許多文化節活動舉辦都會陷入觀光效益的迷思，活動變成屬於參加

者的節慶活動，主體顯已混亂，造成在地者參加的比例明顯較少的現象。夢想社區將營造的重點放在凝聚社區的人心上，是一個很正面而且成功的案例。

　　社區總體營造應該是能使社區居民的生活、社區的產業及文化等都能融合，這個案例對於社區改變也許也曾找過專業規劃設計團隊來給予意見，重點在於進入社區中的所有設計案都應以社區生活為重心做有效的建議與規劃。規劃設計者應先移除自身專業所衍生的優越感，也就是說必須尊重當地者的生活型態及場所精神，我們期待規劃設計者應對社區民眾聚集處再行設計為廣場，民眾休憩聊天的地方再行設置涼亭等休憩設施，而不是一昧的以地點、土地大小法規等分析後就提出所謂的「專業」建議，企圖說明社區居民接受其「專業」下之規劃成果，如未以尊重地方的方式來作規劃設計，就會可能產生社區的設施設備閒置的可能。如造成如此現象，非但無法處理社區環境的問題，更可能因此造成社區治安上的問題，所以如何落實以尊重社區為主的規劃設計是十分重要的事。這個社區營造的案例的特殊點是在於一個新的社區的形成，並非傳統改善原有社區的理念，整體實行起來算是成功的案例。

第十二章　社區自主節慶，歡慶地方凝聚的脈
　　　　　動──大甲媽祖繞境

一、大甲媽繞境緣由及地域性

　　據傳大甲媽祖為福建省莆田市湄洲島人林永興，自湄洲媽祖廟奉請天上聖母神像來臺，在當時許多遷臺人士都常請神陪同而來，林永興在大甲定居謀生，當時許多福建移民皆篤信湄洲媽祖，漸漸香火鼎盛，地方士紳徵得林氏同意後，約於清雍正 10 年（西元 1732 年）興建小祠供民眾參拜（據傳即為現址），舊稱為天后宮，後稱為鎮瀾宮一般認為應指鎮海安瀾即鎮住海浪，以供海上往來人船平安之意。臺灣光復後，鎮瀾宮改制成立管理委員會，由大甲、大安、外埔及后里，四鄉鎮村里長民選舉委員主持廟務，顯見當時廟宇與地方連結十分的緊密。而大甲媽祖進香遶境活動，其實起於當初創建之時的往湄洲祖廟進香活動，當時由大安港或溫寮港直接駛往湄洲，信眾同時也回到自己的故鄉，當時並非每年舉辦，清朝時期大約每 12 年才會舉辦一次。而大安港於雍正九年闢為貿易港，後來大安港泥沙淤積，至日治末期，已形同廢港，加上日本政府嚴禁臺海兩岸之來往，前往湄洲祖廟進香活動因此停頓，大陸為故鄉的情節則因此漸漸切割。此後遶境活動則演變為每年農曆三月地方遶境，因大甲媽遶境最後延續到嘉義

新港奉天宮及北港的朝天宮，但「大甲媽」並不是由北港朝天宮或嘉義新港奉天宮所分靈，到北港及新港遶境進香也並非是回娘家。而是當時藉常往返於大甲與北港間的牛販的經濟活動。

　　此後的每年農曆三月，來自各地的數十萬信徒組成聲勢浩大的進香隊伍，在八天七夜中徒步來回鎮瀾宮與新港奉天宮。遶境隊伍跨越中部沿海四縣市，經過廿一個鄉鎮，八十餘座廟宇，跋涉三百三十公里路。但對於臺中大甲鎮瀾宮每年的媽祖遶境活動，其實是遠離家鄉的人每年重逢聯繫情感的活動，每到此時嫁出去的女兒都會回到此地參加，遶境代表著不同的意涵，即使沒有辦法參知之信眾，也會再遶境途中準備茶水等給予其他辛苦的信眾食用，這是完全由地方自主的活動。遶境七大階段為啟駕、坐殿、祝壽、割火、插香、回鑾遶境及添火，許多堅定跟隨媽祖鑾轎一路從大甲出發的隨香客，其實他們都是放下手邊的工作，忘記身體的病痛、甚至有的已經是步履蹣跚，都堅持一定要到新港為媽祖祝壽，這份虔誠的心，不禁讓人感動，這樣的活動除了參加更是參與，也藉由信仰將人心緊密的連結在一起。

二、文化祭活動舉辦與地域性

　　面對全球化脈落下的地方競爭情勢，深刻的地域潛力挖掘是相當關鍵的。因為，任何地域想要推動文化的再造及打造社區美景，是否能掌握到地方潛力是最為關鍵的。近年來臺灣社造的實踐地方活動的舉辦成為相當重要的一環，在社造實踐技術上由於對地域性是否可深入的連結，不致活動因與地域性脫節，這是重要的一環。過度依賴公家單位主導活動之下，易造成各地活動公開上網簽辦委託勞務，導致參加及承辦的單位（公關公司）可能是同一批人，常有辦理的活動重複或參加者不踴躍等情形，或活動流於「熱鬧有餘、內涵不足」等。一般公關公司規劃整個活動設計僅考量著吸引人潮，增加經濟，卻無法考慮活動與地域性做關聯，最後夜市文化充斥著整個活動，迷失於經濟效益與產值，僅以此做為評估活動效益的指標，甚致為落實國際兩字，更加入其他國家馬戲特技團或太鼓團隊等，及邀請國內外演藝團隊參與演出。在將傳統「藝術」化的同時常也致使活動漸漸變調，也讓臺灣有許多能夠深化社區與文化內涵的活動根本無法存活。

　　如何節慶活動扎根在自己所在的社區，融入當地民眾生活當

中，融入社區環境景觀、地方產業當中，理應為推動中最重要的事，如活動推行並非社區居民自主性辦理，由政府將活動外包給公關公司執行，節慶活動自然是和地方是脫節的，民眾參與被侷限在參加活動而非參與活動規劃，參加活動的人多也並不代表活動成功。文化祭活動以制式方式舉辦模式未深植地方，未考量地域性，僅考量經濟效益，然而臺灣的文化節慶活動不僅只是一種可以提振經濟產值、觀光效益及轉化選票的政治計算而已，它更應涉及了文化內涵與社區深耕的長久意涵。各政府協助辦理節慶的本質不應就在於創造地方經濟價值，在並未考量地方文化的永續性，對原本的自主性活動並非幫助而是破壞。文化節設計的手法與地方產生深度的連結，才能真的聯繫人心，開創新經驗、新價值及新認同的社會生活。

三、誰是主體？誰的節慶？地方永續特色自主節慶之經營

在推動一鄉一特色的政策之下，臺灣各地不斷浮現「創造」出來的在地特色、地方產業，希望繼而發展文化觀光事業、促進活化區域經濟。文化節活動儼然成為最佳的工具，然而若活動經費的主要來源來自公家單位，倘若公家單位無法再支助經費辦理

文化節，缺乏地方的自主辦理能力，活動將會走入歷史。再者，地方性的參與何在？所謂的參與多充其量僅是在表演舞台上搔首弄姿，聽命於主辦單位的規劃安排，其實僅能叫做參加而非參與。主辦單位想安排什麼表演團體，就邀約什麼表演團體，就連與地方不相關的其他各國表演團體都摻雜在一起。文化節還是地方的節慶活動？還是參加者的節慶活動？資本家的節慶活動？還是公家單位的節慶活動？主體顯已混亂，在地者參加的比例有多少？願意第二次參加的比例有多少？目前許多活動設計與實踐實有檢討之空間。

除商品或其他方式所「創造」出來的節慶外，最珍貴的是臺灣先民所凝聚的文化活動，傳統宗教文化在初期其實是如同原住民的豐年祭般，許多出外遊子或嫁出去的女兒都會回來參加，許多居住在繞境附近區域的民眾，紛紛將自己準備的熟食、飲料、生活用品及其他提供給參與繞境的香客使用或食用，感謝辛苦的繞境香客及服務人員，也為大甲媽進香活動盡一份心力，這是充分表現社區精神的活動，比起任何營造更能將人心凝聚在一起，且並不侷限於社區的人而是許多各地前來的香客，深植於地方自主營造的活動特色將永遠不會被取代，也將可永續的經營，除歡慶大甲媽祖聖誕以外，我們更看到地方凝聚的脈動及臺灣人最真最原始的真誠。

圖 12-1：民眾自發性的奉茶。

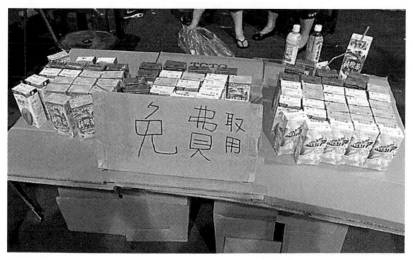

圖 12-2：民眾自發性的準備飲料。

圖 12-3：沿途民眾燃放鞭炮歡迎大甲媽神轎。

第十三章　改善空間環境的社區總體營造策
　　　　略——以虎林公園及周邊環境改
　　　　造為例

　　位於信義區的虎林公園面積為 9547 平方公尺。公園於民國76 年開闢原本是個滿簡單的公園，民國 84 年 7 月 1 日由里辦公室開始接收，92 年社區環境改造執行計劃進行整修完成。虎林公園位於臺北市邊陲的象山山麓下，公園環境條件原本並不佳，南側鄰臺北市立聯合醫院區松德院區，除與高壓電塔變電區相鄰更與寧波公墓為鄰，在臺灣普遍農業社會為主的社會結構中，民眾仍有許多禁忌與習慣，松德院區內多為精神病患屬於需強制處理的群體，加上墳墓與電塔的環繞，讓這裡的空間型態相當的特殊及詭譎。因為道路本身條件的因素，許多民眾不得不選擇穿越公園去搭公車。民國 84 年開始起虎林公園開始為地方鄰里公園，松友里辦公室偕同社區居民及臺北市立聯合醫院區松德院區成功改造虎林公園的環境及形象，拉近了社區民眾與公園的距離。

　　虎林公園位於信義區內，起初為臺北市較不起眼的地段，空間崛起後原本位於邊陲地帶的松德路區塊也因擁有象山自然景觀跟著價值升高，隨著時代的轉變，看精神科不再是個令人羞恥的事，家屬也可大方進入精神病房探望病患，精神病院已漸不再是令人恐懼的空間，近年來每到跨年倒數時虎林公園變成許多民眾觀看 101 煙火秀的絕佳地點，每到假日虎林公園也湧進許多登山客前往象山登山步道登山，當民眾漸漸融入環境中，原本的懼怕

及恐懼可望消除，空間也出現活絡的感覺，里辦公室開始著手規劃，期望藉著公園等周邊環境的改善可以營造更好的社區環境，居民透過共同參與的同時，可以凝聚休戚與共的社區意識，最重要的是可以重新建立人與人及人與環境間和諧的關係，在鄰里公園社區設計中，社區的公園具有社區自我培力的功能，鄰里公園的改造也常是社區自主動員的舞台，許多社區皆以公園作爲凝聚人心的最初始點，這個案例在都市中爲經常仿效執行的策略。

　松友里里長及區公所的用心經營下，虎林公園成爲功能相當齊全之市民休閒遊憩場所，爲了使公園得以永續經營，除續鼓勵更多里民認養園內植物自行照顧及種植，加上里長、園長及志工們主動進行綠美化和清潔工作，園內植栽豐富多元，鄰近之高壓電塔圍籬也在種植爬藤植物美化下，與公園融爲一體不再是令人恐懼的龐大怪獸，虎林公園成爲社區居民重要賞花休憩的活動場所，位於社區的居民及醫院共同努力與配合，終於成就虎林公園成爲績優的鄰里公園，由鄰里自主認養公園後更加凝聚里民的社區意識，社區民眾也更加的維護及珍惜綠資源及大家共同耕耘的成果。加上臺北市立聯合醫院松德院區將大門前南方松廣場規劃爲院區與社區活動的社區生活展演平臺，雖短期間並未明顯達到效果，但已體認到唯有深切瞭解院區空間及周邊環境修補良好的

鄰里關係，才能營造新的空間特色，所以空間是因人的使用而規劃的，另外也極力營造院區特色空間，讓民眾更瞭解精神病患，不再與世隔絕，精神病院之恐懼形象已大有改善。在社區的努力下，便直接主動地向相關單位提出了他們目前在生活環境中所面臨的種種問題，以及他們急切地想要改善公園及周邊環境的意願。在虎林公園內推動社區總體營造過程所辛苦撒播的種籽，自然長出的令人驚喜的嫩芽並持續的茁壯，在這個萬物萌芽的季節，經過虎林公園的同時請放鬆、慢行、心眼並用，傾聽自然的鳥語花香，看看蔚藍的天空及如影隨行的 101 大樓，看看環境的顏色、聞到綠色的味道，將自然環境與社區的精神一一印在心版上！

圖 13-1：虎林公園綠色意盎然。

圖 13-2：公園內部不乏大樹。

圖 13-3：虎林公園的入口意象。

圖 13-4：雖鄰近高壓電塔從象山往下看整個公園都是茂密的大樹。

第十四章　由私人別墅演變成臺中市長官邸
　　　　　的歷史建物——與商圈結合成的
　　　　　社區文化

一、概述

　　現今所稱的臺中市長公館，其實是在西元 1929 年（昭和 4年）所興建，是一棟古典與現代風格融和的建築物，爲當時日籍著名眼科醫師宮原武熊的別墅住宅，故通稱爲宮原氏別墅。宮原醫師爲留德的眼科博士，曾擔任臺灣總督府醫院醫長以及臺中州私立臺中商業專修學校校長與臺中州協議員，並與臺籍精英共組東亞共榮協會，十分活躍於政界，原宮原武熊氏眼科醫院後現仍保留在中山路、綠川東街口。

　　弔軌的是第二次世界大戰後，日人戰敗返回祖國，這棟別墅居然被視爲日產遭臺中市政府接收，做爲市長官邸使用，私人產業遭政府機關沒收，在當時爲十分普遍的現象。國民政府時代政治人物陳果夫及首任民選市長楊基先至第十任市長張子源都曾居住於此，但之後歷任市長未再使用，漸漸成爲閒置空間。直到閒置空間不斷被地方民代詬病，在推動閒置空間再利用計畫中，將這歷史建築轉型成爲今日的地方文化館。

　　市長官邸位於一中商圈，該商圈以青少年爲主要消費族群，因此擁有最流行的時尚資訊，是一個充分展現青春活力的商圈，

而主要爲水利大樓完成後大量的補習班出現，造就商圈的形成。而周圍景點除了市長官邸外，有設立至今已逾七十年的臺中放送局，除了商業行爲外，更提供了解歷史價值的建築物的最佳途徑，也讓地區的商業行爲漸漸有了意義。市長官邸建築外觀保存完整，建築室內平面及室外立面融合和洋（西洋）風格，爲日治時期樓房宅院代表作。

臺中放送局建於 1935 年，主體建築屬於「過渡式樣」，點綴性裝飾元素包括「簡約羅馬風格」與「簡化哥德風格」兩類，那美麗的建築及庭園景觀，位於全臺絕無僅有的「電臺街」上，整條電臺街只有一個門牌號碼「電臺街 1 號」，至今已走過七十餘年歷史，是臺中市民的老朋友。

宮原式別墅建築其實只有簡明的造型，水平與垂直造型比例也掌握得宜，室內自然光線充足，機能簡單清楚的住宅。二樓頂部的重複性裝飾構件頗有特色，加上陽台的希臘柱式與瓶形欄杆扶手與建築現代風格外觀形式的組合，使得整體呈現標準折衷的建築風格。

主樓高二層，立面造型簡練大方，上爲鋼筋混凝土造平頂，頗具現代主義特色。但二樓側面有古典飾樣之柱列廊道，且後側作日式窗台開口。故有人稱本屋實爲和洋混合風格之作以建築角

度來說應爲日治時期的折衷式建築。

二、時代背景分析

　　日人治臺以後，馬上有計劃的展開殖民地建設，關於日人治臺之功過，今天雖有不同角度之看法，然而對於加速臺灣近代化確有功績，1868 年德川慶還政於明治天皇，日本隨即走向改革並吸收西方文化，始稱明治維新。維新之後的日本建築面臨很大的改變，1870 年開始聘請一些西方建築師設計日本國公共建設的部分，明治後期因採取「擷取各國之精華」方式，導致明治後期在日本「樣式建築」漫無標準，街頭上聳立各國風格的文藝復興、巴洛克或哥德式建築，臺灣在日治初期亦出現這種現象，一般認爲 1895～1907 應屬日式建築試驗期，1907～1917 則多爲紅磚造之全盛時期，1917～1926 則屬深色面磚之時期，1926 以後則以淺色鋼筋混凝土建物爲主，宮原氏別墅即屬此時期之建築。

　　事實上日本建設臺灣建築充滿研究精神，日治初期之「明治型」建物，即爲中國式街屋，但多以木造，但卻不牢靠難逃蟻患，隨即改爲「大正型」也就是紅磚期，最後演變出「昭和型」之 RC 結構，宮原式別墅即屬日治末期之鋼筋混凝土構造物。

三、建築物分析

　　宮原式別墅屬於一般說的折衷建築，指的是樣式建築，邁入初期現代建築的過渡時期。1920 以後西方盛行的現代化建築特色影響臺灣的近代建築，但對華麗的樣式建築仍不能忘情，所以古典的對稱形式、簡化的裝飾元素，與水平的現代感，與現代建築白色外壁越來越接近。

圖 14-1：建築物外觀已與現代建築十分接近，但仍無法忘卻華麗的元素。

這棟別墅較明顯的裝飾為複合式的柱子，柱頭形式較類似埃及柱式的棕櫚葉造型，柱身則較接近複合柱的凹槽型式，屋頂強調水平流線感，除此之外僅在女牆及欄杆作少許較華麗的裝飾，以及拱型入口玄關，為典型的折衷式建築，與鄰近的臺中市放送局類似（1930年代日治昭和初建，許多人誤以為這兩建物為古蹟，事實上2002年左右才被認定為歷史建物而非市定或國定之古蹟。

一般人常見日式西方樣式建築及稱為巴洛克，巴洛克原為法文（Barobue），有扭曲、曲線之意。是從17世紀開始在歐洲流行的非常注重繁瑣裝飾的建築式樣，主要是用曲面及曲線達到一種扭曲張力的效果，而宮原氏別墅應屬於折衷主義（Eclecticism）樣式，流行於1920年至1930年代的近代建築，它具有當時盛行的表現主義或國際樣式之部分特色，但是保留柱式多用希臘五式柱頭，而強調線腳之裝飾，由此可以得知當時的日本是與國際潮流接軌的，隨時接收新的知識與流行，但是並非完全的抄襲，這時的臺灣在建築上深受這個潮流的影響。

圖 14-2：宮原別墅的裝飾柱及南美風味的獅頭裝飾。

圖 4-13：內部的窗是利用水平垂的原理使窗戶可上下推動。

四、結語

　　回顧日治時期的建築，由於都是在現代運動中誕生，五十年來的作品幾乎網羅了文藝復興建築以來每個階段多種重要形式，這一段活生生的過程之影響力是真切而深刻的經驗，這是迷信於樣式建築的結果。雖然它是一個強大形式移植下去的建物，而非從鄉土長出來的建築，但卻是屬於那個時代的，臺灣擁有日本接受西化過程的精采演變史，這是十分珍貴的，有人說日治時代的建物過度重視形式，我們卻可以見到從極端華麗的西方建築漸漸簡化，到宮原式別墅時期，山頭、尖塔或圓頂都消失了，已與現代建築十分接近了。一般社區營造的街道參與式設計，往往被複雜的商業利益影響，也常因商業行為的失控，而造成整體地方文化的消失，而這個建築的開放與融入商圈，就是讓原有的商業為主的社區出現了地方的意義，也讓來此的旅者或學生更加了解建築物與地方的歷史，所以創造社區營造的意義的策略處處都在，將原有的商圈加入歷史的元素，將整個商圈微整形，漸漸將其文化意義層面發揚光大，或許有一日也能創造出不同的社區共識與特色。

圖 4-14：人潮絡繹不絕的一中商圈。

第十五章　尋找遺忘的記憶——萬華 406 廣場

萬華 406 廣場位在中華路旁,鮮少有人知道這是日治時期日本人在臺北建立的西本願寺舊址,其遭遇就不如北投溫泉博物館的安逸,而是遭受大大的破壞,但也因仍有利用價值弔詭地保存部分建築遺跡。1901 年,西本願寺獲得日本政府核准,在臺灣設立「臺灣別院」,以弘揚佛法。另在西門町萬年大樓附近則爲東本願寺舊址。據說戰後警備總部曾經使用西本願寺,也曾關押及刑訊許多人,最後被違建盤據,稱爲「中華新村」整個新村只有中華路 147 號這個們排,土地所有權屬於國有財產局,341 戶共用一個門牌,古蹟被違建包圍後,人們漸漸遺忘西本願寺的原貌,幾經年代更替後,成爲公園式廣場。

這個日治建築最嚴重的浩劫在 1975 年發生的火災,木造大殿及其旁的御廟所全數被燒毀。但在火災後仍有民眾陸續遷入,利用西本願寺殘存的建築,自行隔間及裝修,也就是所謂的違章建築。直到 2005 年政府進行拆遷違建時,被違建包圍的西本願寺殘跡才重見天日,市政府在拆除搭在它身上的違建時,施工機具毀壞了輪番所的部分建築,此事曾在媒體上喧鬧一時,也勾起了許多人被遺忘的歷史空間記憶,其中包括許多日本人,經過社區居民及相關人士強烈要求保留下,這些殘跡也才能順利留下來,相關土地也因西本願寺的遺跡出現而失去商人可能開發的強大利

益，商業用地變成了公園用地，而這個因古蹟而生的公園並非一般的鄰里公園，但如果仔細規劃，也許古蹟帶來的功能將大於鄰里公園的社會功能。

　　古蹟雖然因民眾的回憶而留下來，但卻未得到完善的照顧，只存鐘樓及輪番所尚稱完整，其餘樹心會館已成廢墟剩下地下室，而西本願寺本堂、御廟所則只剩建物基底。民眾說：「這個公園很失敗，製造一個晚上連當地人都不敢走進來的地方」。一語道出民眾對這個地方仍有深刻的期待與願景，為妥善保護及利用反而使社區原應引以為傲的古蹟，變成一個鄰避設施。批評聲浪下緊急召來大黃蜂等藝術品放置，感覺似乎與地方並不相容與適當。

　　臺灣擁有原住民建築、葡萄牙建築、西班牙建築、日治時代建築及國民政府迫遷來臺後興建的北方建築模式，相關建築物卻無法得到完整的保存，西本願寺台灣別院未來將何去何從？是否符合當地居民的願景，仍需相關單位與地方人士共同的營造。文化資產保存在物質層面的技術和建築美學的觀念上，臺灣對文化資產的詮釋與解說，還有很大的成長空間，古蹟的所有權在於政府，受到法令的保護，事實上古蹟修復的方向與未來與社區的結合，都應該與社區為主，社區存在代表社區傳統的歷史建物，該如何以此特色凝聚社區力量，也是一個為來的重要課題，通常我

們發現在搶救歷史建物的同時我們凝聚了力量，建物搶救了之後，該建物卻又變成政府的責任，這種凝聚是間斷的，是不連續的，位於社區的古蹟事實上應為社區共同的責任，這個案例可以看到社區民眾搶救歷史記憶的決心，但我們仍期待有一天可以看到鐘樓再度響起凝聚社區力量的鐘聲，重新振興老建築帶給我們的魅力與意義。

圖 15-1：目前殘存的鐘樓遺址，原有大鐘已不知去向。

圖 15-2：1954年國民政府將西本願寺的本堂交給「中華理教總會」使用，
黃色水泥牆即為當時所增建，圍牆後方為原本西本願寺本堂的所
在地，1975年發生不明火災，上部的木造殿堂皆被燒毀，目前僅
存臺基以及階梯和部分欄杆及扶手等設施。

圖 15-3：輪番所：即類似住持之宿舍，初建於大正13年（1924年）。輪番
所為傳統日式宿舍建築，部分內牆留有編竹夾泥之牆體構造。

圖 15-4：樹心會館於大正 12 年（1923）落成，原為真宗本派本願寺之會館，
目前還可看到唐門的型構，但因曾被違建包圍部分已遭粉刷油漆。

圖 15-5：批評聲浪四起時，以藝術品包圍古蹟的美化方式。

第十六章　尋找過去產業的社區營造策略——
　　——白米木屐村社區營造

緣起

位於宜蘭的白米木屐村因為地形的關係之前被稱之為白米甕，而白米並非此地曾經出產白米，而是山谷下溪流乾涸的時候會露出白石，好似白米粒而得名，該溪流則稱為白米溪，名字充滿著特殊的意涵。日治時期此地主要是礦石工業及水泥等產業，還有其附屬的江某樹所製成的木屐產業，對於社區居民來說，採礦業給予他們的即為污染及環境破壞。

產業的出現與自救

事實上，木屐產業與礦石產業是曾經有著共存的關係，有採礦工業的進行，才會有大批日人的聚集，木屐是日人的產物，其實應該屬於採礦業下的副產業。從戰後日人離開後，木屐產業迅速消失而採礦工業卻未停止即可得知，社區居民長期忍受採礦業所帶來的自然景觀與生態破壞，最後砂石車所帶來的空氣污染及生命威脅終於引起居民的反彈，在民國 80 年代開始民眾開始反彈，並於 82 年社區居民開始組成自救的團體，最後發展成為白米

社區發展協會，這是社區民眾再度凝聚的起點。

社區潛力的抉擇

在 1995 年的一次社區自主團體的討論中出現了發展傳統木屐產業的提議，當時以木屐作為社區營造的產業基礎其實並未完全受到當地民眾之認同，也有人認為應該改採一直都存在礦石產業來做為推廣策略，也有許多人認為現代人不會再往回走到木屐時代。幾次大型博覽會發現木屐的接受度極高，1996 年白米社區才開始真正投入以回憶中的木屐作為社區營造發展的方向，漸漸往理想中前進。

檢討與建議

在白米社區的社區營造是以發展協會、合作社、文史工作室及居民之間的巧妙結合，成功將傳統失傳的技藝在回到社區中，臺灣農業社會轉變後其實許多技能已經漸漸消失，前陣子看到媒體報導小朋友體驗老一輩蒸糕的故事，小朋友將這種體驗稱「蒸」貴的回憶，這樣的技能才是真正文化的特色。而在白米木屐村案

例推廣成功後，公部門給予了許多補助，興建了較為豪華的文化館，漸漸朝向博物館經營的型態，但卻少了當初的純樸氣息，卻又多了許多商業的氣息，讓人懷念起當初設立的感覺。期望來白米體驗的人，可以了解地方歷史、環境與特色，在進入文化館參與體驗或自主創造，也期望社區發展下可以增加白米社區的組織健全，引領社區達到永續經營的目標。

圖 16-1：白米的木屐不是普通的木屐，而是充滿希望的木屐。

圖 16-2：溪底的白石排出的圖案。

圖 16-3：供民眾 DIY 的迷你木屐。

圖 16-4：木屐村產品展示。

圖 16-5：原本建築物再利用的工藝教室。

第十七章　以社區福利為起點的社區營造手法——吉慶社區聖誕巷案例

　　都市的住宅區總給互不往來的印象，都市化大量方形單調的建築，每戶孤獨的存在於每個空間，人與人之間漸漸的疏離，這也是我們必須要做社區總體營造的原因。這個案例是在臺北市北投區石牌地區，隱藏於繁華的石牌路巷弄內，能見度不高，屬於十分老舊的混合型社區，與一般都市的社區型態沒有什麼兩樣，這個社區綠地資源缺乏，缺少公園等民眾聚集的地方，社區民眾的共識理應更加的薄弱，這就是都市化後，社區營造最難以處理的案例，沒有共同的區域，沒有共識的凝聚，沒有地方的特色，看來顯然是個十分棘手的案子。

　　然而這個社區，卻完全改變都市社區給人的冷漠印象，踏入吉慶里社區活動中心，就看到一群熱心志工，正在對社區的美化綠化等等事項努力，社區活動中心不再是空蕩蕩的蚊子館，也不只是辦理婚喪喜慶的租借場所，成功發揮了凝聚社區居民的功能，也讓這個社區營造出溫馨的社區氛圍。

　　吉慶社區發展協會並非僅作一般社區環境改造，透過社區共同的活動凝聚居民，最重要的改變是以推動福利化社區為起點，透過問卷調查的方式了解社區裡哪些人需要幫助，除幫助獨居長者、身心障礙者及其他社區內需要幫助的弱勢，首先是透過送餐的解決他們用餐的問題，也讓人感受到社區溫暖的一面。吉慶社

區的餐食是需要經費的，他們協調將里內的商店付出愛心提供服務，所以在這裡每天都有不同的菜色，比起所謂的代用餐的理念，更增加許多的人情味。孤獨的環境使人與外界隔閡，對於外界的關心也漸漸變成不友善，但是在社區志工的堅持與服務下，人也漸漸的軟化，漸漸融入社區，大家就像一家人一樣。這個案例的成功不在於實質的環境改善成果，而是在於改變了原本冷漠的人，雖然付出者十分的辛苦，但臉上卻始終掛著滿足的笑容。吉慶的保健志工隊成立以來都能維持穩定的隊員 20 人以上，志工每次的關懷訪視也都會做成紀錄，以便志工們持續的追蹤。此外，社區也常安排各種健康講座，「吉慶里的阿嬤是笑瞇瞇大家相邀來里辦公室來那唱歌又吟詩…..」這是吉慶里的阿嬤歌，歌詞給予人充滿溫馨的感動，「溫馨吉慶‧祥和社區」正是這個大家庭共同追求的願景。

在此前提下而產生的社區環境的改造，使老舊的住宅區煥然一新，這種社區自主的社區環境改造將永遠是吉慶社區共同的驕傲。吉慶社區每年的「聖誕巷」今年來非常的吸引大家的注目，多年來的努力使得參與聖誕巷美化的居民愈來愈踴躍，居民們自動自發地佈置自己的家園，更把熱鬧的氣氛散佈至鄰近的社區，然而我們要看到的不只是聖誕巷造成的美麗景象，而是社區凝聚

的強大向心力，在強大共識與凝聚力下所執行的社區營造，才是
真正成功的案例，這個案例政府單位不再是主角，而是個配角，
而其從社會福利改善來凝聚社區的策略，確實改變了都市普遍充
斥的冷漠社區，是在都市社區內難得的成功案例。

圖 17-1：巷口的歡迎參觀燈飾。

圖 17-2：家家戶戶自行裝飾屬於自己的聖誕節。

圖 17-3：連普通的樓梯間也出現了美麗的標誌。

圖 17-4：這樣的美化也傳遞到鄰近的社區一同響應。

圖 17-5：連冰冷的鐵窗也出現美麗的圖案。

第十八章　利用社區副產品為主體的社區營造策略——宜蘭珍珠社區

位於宜蘭的珍珠社區古稱「珍珠里簡」，係平埔族噶瑪蘭三十六社之一。珍珠之名的由來有二種說法，一是珍珠社區早期於冬山河有港口經常有船隻來往，商船並帶回許多珍珠回珍珠社區，所以這個社區附近均能輕易撿到珍珠，另一說法是珍珠里簡在噶瑪蘭的譯音係「燒酒螺」，也就是在這個社區到處可見許多燒酒螺的存在，不管實際的地名由來為何，珍珠與燒酒螺，在現在的珍珠社區已經不易見到了。

珍珠社區位於冬山河中游，全村社區內係以種植水稻為主，種植蔬菜為輔，當初社區的發展運用的主要材料是該社區的副產品－稻草，2000 年以後增加風箏體驗等，故社區設置「稻草工藝館」及「風箏體驗館」，提供遊客們參觀及 DIY 製作體驗，社區充份運用副產品「稻草」發展出多項稻草工藝例如：稻草畫、稻草面具、稻草浮雕面具、稻草紀念物、稻草娃娃及稻草編織等創新產品等等，這樣的社區營造方式，社區營造的產業並非為一般的主產業而是副產業，被公認為沒有什麼價值的稻草，堆疊後最後就是焚燒成為肥料，就像許多養蚵人家的社區最後利用廢棄蚵殼來作為社區特色一樣。

珍珠社區投入社區營造的發展史，其實正是一個築夢踏實的浪漫故事。社區營造如果忽略人際問題的重要性，最後畢竟會因

為「人」的因素而停滯不前。珍珠社區所以訂「重建新儒家倫理」為社區營造目標，顯見發起者的智慧，也對社區總體營造的意義十分的了解。在這個前提之下，社區有了發展目標，社區也有了未來的願景。然而除了要有願景還要了解地方民眾的心理中在意的中心，珍珠社區的發展史，看出了社區兩大廟宇的信眾衝突與不合，這才是社區凝聚人心的真正阻力。發起者想盡辦法化解位於珍珠社區內進興宮與聖福廟兩間寺廟信徒的長期隔閡，促成兩間寺廟一起合辦普渡，結果十分的圓滿。最後做了一個很有意義的事，曾經立於社區發展協會廣場旁的珍珠地標—「草垺王公」，就是達成和解後聚集八百村民堆疊而成，草垺兩面分別繪有兩間廟宇的主神，象徵神明和解村民大團結，就像打倒柏林圍牆的那一刻相同。

珍珠從一根稻草發展成全國知名的社區，當然住在珍珠社區的居民必定感到光榮，必定更願意在此居住與生根，我們在這個社區營造案例中看到了社區自主的力量，社區的發展不是靠政府，而是靠自己，社區必須營造社區獨有的特色，而並非為迎合外來遊客而改變自己經營的模式，這個案例中我們看到了社區的地方性十分強烈，雖然稻草面具緣起於社區發展者一次前往印尼峇里島之旅而發現地方吸引人的特殊面具，但現在其融入了地方

的特色，這個面具就不再是屬於印尼峇里島的面具，而是專屬於珍珠社區的面具，所以我們不是認為外來文化不應該在臺灣出現，而是必須堅守本土文化的價值，才能確保特色的存在，就像是峇里島常看到的釣魚小貓來到臺灣，難道就不能變成屬於臺灣的釣魚小貓？社區總體營造的可貴在於參與者體驗當初努力過程的辛苦，在於享受社區凝聚後的喜悅，只要是有心，人人都可為社區盡一份心力。

圖 18-1：珍珠社區產業體驗館。

圖 18-2、18-3：稻草副產品從前的功能展示。

圖 18-4、18-5：稻草副產品的展示。

圖 18-6、18-7：利用稻草所製的畫框，旅客可以 DIY。

圖 18-8：DIY 產品完成可裝框帶回家。

圖 18-9：代表兩廟和解的草埒王公。

第十九章　以外來文化與本土文化融合的社區營造策略

廟會＝落伍的迷思

在以前很多人把廟會、陣頭、八家將等與太保、流氓及不良少年聯想在一起，甚至許多人更認為搞陣頭不是個正常人所從事的娛樂或行業，更應該是中輟生、無業者才會去參加的聚會。然而這樣的刻板印象，大多來自生活在都市地區的人，面對都市繁華生活的洗禮下，人容易視都市生活為驕傲，視都市的活動為文明，卻將鄉村常出現的傳統文化看作迷信及落伍的象徵。就因這樣的社會政經變遷反而使人失去了對原本傳統文化的熱愛。

本土文化藝術化

許多人看完「陣頭」這部電影之後，都會感覺到十分感動與熟悉，因為那曾是臺灣普遍擁有的文化特色。然而，在許多地方宗教文化的特殊儀式，也是某種型態的社區特色。臺灣在社會環境改變以後，人們普遍接受到西方的新知識與文化，卻使原本傳統的宗教文化受到嚴重的排擠，在北部城市中許多廟會的活動，甚至出現每年參加人數一年不如一年的情況，原本在鄰里之間即

可輕鬆招集的參與人手，最後演變成花錢請團來完成宗教的儀式與活動，可見得宗教活動已漸漸失去凝聚的力量。然而，屬於臺灣的傳統文化其實是重要的，在陣頭這部片中描述的臺中「九天文化民俗技藝團」，在 2000 年時決定將舊式的陣頭儀式，轉型為舞台的表演方式，一直到現在九天技藝團已經企業化經營，團長許振榮驕傲地說，我們要永續經營，還要做出口碑，改變多數人對陣頭的不良印象。他並說「誰說陣頭不能登上國家劇院，我們要做領頭羊」。這個案例讓我們發現以本土文化文基礎，融入部份其他文化特色，也可創造出不失原意的新文化特色。在臺灣表現的最顯著是傳統布袋戲文化，在融入外來文化及現代化的科技與音樂，卻仍能保留原有的文化傳統特色，並再加以發揚光大。也就是說，我們期望即使是學了西班牙的鬥牛舞，也是必須是屬於臺灣特色的西班牙鬥牛舞，不應只是以模仿抄襲的方式照本宣科的表演，站穩本土特色的原則，才能避免本土文化變成回憶、傳聞或歷史。

外來文化融入本土產生的新文化

　　某次在電視節目中發現正在介紹桃園的愛西絲肚皮舞舞蹈

團，這個舞蹈團的團長郭淑貞其實是 2006 年埃及世界肚皮舞的冠軍。郭淑貞在國際表演肚皮舞的名號無人可及，但是倘若只限於此，他跳的就會僅是屬於埃及的肚皮舞，也就只是個把其他國家特色舞蹈模仿的很好的舞者，就像是美國人把山地舞跳的十分出色而已。但是他選擇回來臺灣創新臺灣陣頭文化，最後以臺灣陣頭爲主巧妙地結合肚皮舞，編製一齣齣屬於臺灣的陣頭肚皮舞蹈。

她說「我覺得 21 世紀的藝術應該是多元的」，「參與陣頭表演，可以見識不同團體的創意，而且看到觀眾對於肚皮舞進入陣頭那種興奮之情，我就覺得非常滿足。」由於臺灣陣頭的舞步比較自由，從前跳陣頭者多數爲乩身，所以動作不需太過嚴謹。而埃及肚皮舞的舞者跳舞的節拍就顯得十分重要，兩者的結合也有種不同的感受，但是重點不在於這種舞蹈本身的曼妙，也不在於舞者高超的技巧，而是他以一種臺灣傳統的新文化再次凝聚了社區，也創造出更深的意義。

傳統的廟會活動在從前原本就是社區人心凝聚的所在，也是凝聚人心的最佳策略與方法，社區的居民即便是無瑕也要撥空參與或參加。善用如此重要的元素將社區的人凝聚起來，讓社區生活中有重心，使社區每年都有屬於自己的文化活動，這樣的社區營造則更具有意義。然而以文化活動方式來凝聚社區的參與，才

是真正的「參與」式社區設計。在過去，決定社區的事物通常為政府，參與者多僅為地方民代等，然而公家機關受到科層制的影響，做事無彈性，倘若長官決定地方必須設置公共路燈或垃圾桶，則不管社區實際需求為何，就是必須編列預算執行，這樣的規劃對環境來說非但不是幫助，而更有可能是破壞，對社區來講未參與的決策通常不會在意與關心，真正的參與式設計必須由地方居民主導，共創社區美好的願景。

圖 19-1：改變的陣頭也可展現出不同的文化風格。

圖 19-2：八家將與肚皮舞的結合舞出臺灣新特色。

第二十章　體驗蛻變之愛河與十三號碼頭空間改變

　　猶記十多年前，在新竹關東橋受新兵訓練之後由於抽到金馬獎，隨著一群落寞的同梯阿兵哥坐著火車來到了高雄，到了火車站大家規律且有秩序的上了公車所扮演的「專車」來到了愛河畔，那時的愛河被當地居民被稱為溪仔，河面呈黑色且充滿浮油，似乎訴說著它飽嚐污染的委屈，面臨河旁的住宅也多將窗戶封閉，感覺並不歡迎我們這群失落外地人的感受，這便是一般人對愛河的初次體驗。隨後這群籤運不佳的人與在壽山動物園的動物一樣，被關進壽山的前送營區，永難忘記那漢神百貨夜晚息燈的一幕，心中百感交集。次日前送的阿兵哥來到了象徵生離死別的十三號碼頭，碼頭以九重葛構起高大圍牆，分隔著自由與無奈，就這樣望著漸漸消失的西子灣，離開了臺灣前往前線服役，在軍旅生涯中十三號碼頭代表著許多的悲傷與喜樂。

　　六年前，聽聞著許多人訴說著高雄的蛻變，從他們口中敘述的高雄愛河與一般人過去映像中的愛河相距頗大，驅使人充滿疑惑的來到舊時熟悉的愛河。然而它的改變讓人十分驚嘆！曾經過往行人掩鼻而逃避之唯恐不及的愛河，如今卻到處充滿著與人的互動，當時的黑水溝已不再散發臭味，河邊坐滿著悠閒著人們，他們泡茶、聊天及欣賞美景，他們幸福的體驗著愛之船碼頭、綠籬植栽、藝術光雕照明設施、自行車道及橋樑美化等給予的環境

意境。除此之外還有親水空間及藝文景點，巧妙的融合了污水廠設施及文化藝術。愛河眞的復活了，這條以愛爲名的河川再度成爲情人約會的最佳浪漫地點，跨越愛河的彩色橋樑化身爲情人橋，來到這裡空間中充滿著浪漫與流動帶給人的感動，加上一些藝文設計，爲當下的景致增添些許人文氣息。

離開多年後再度來到十三號碼頭，原本熟悉的柴油味已經不在，象徵隔離外界的圍牆也已經消失，載運阿兵哥的 524.525 大型船艦不再停靠在這裡。兩岸關係改變後，這裡也少了武力對峙的煙硝味，原本的營區的大樹依然綠蔭，營區倉庫及餐廳已成爲民眾休閒的廣場，原本的鐵道現在是休閒的腳踏車道，大量釋放的失落空間再經過美化修飾後，轉化成市民的新休閒遊憩的場所。十三號碼頭位於愛河的出河口，原本是個嚴肅及封閉的空間，民眾鮮少可見到這裡的美景，在空間解嚴後民眾可以清楚看見愛河在此出海，欣賞港都的美景。在當地鄰里及居住過的人來說，每個景物都代表過去的回憶，是凝聚感情的空間，也是聯繫鄰里感情的催化劑。但是對於去過外島當兵的人來到這裡則有著不同於地方的感受，這些在在都代表著十三號碼頭在港都的定位已經巧妙的轉變。

對於高雄，讓人擁有熟悉的故鄉親切感，在這裡原本人的凝

聚力就大於臺北,親切是繁華的臺北城所缺少的,這幾年的改變也讓人看到高雄人維持港都的獨特性的決心,高雄人不斷地在努力尋找地方新的方向與定位,也使民眾對高雄的蛻變充滿感動。這個案例有別於一般的案例,擁有社區居民對於碼頭的回憶,更擁有當兵者的心碎碼頭記憶。普遍在臺灣的政府機關處理事情的方式,總是在受到民眾及輿論重視時,提出個美麗願景的幾年計畫,各單位為了消耗預算盡速的完成,實質內容卻常不受重視,過了幾年再開個記者會,展現這幾年實踐的成果,過度急躁的結果反而不見的可達到預期的效果,而且計畫結束,社區營造也就瓦解。會提出這個案例作說明,住要是看到高雄市政府在 2009年舉辦的世運,這個運動會的作法及態度上採取的是以"社區總體營造"的模式,以民眾為中心,打造一個表演平台,讓所有市民一起來參與,讓全市民眾對這個活動有參與感、有認同感、有感動,自然會市民一心共同努力,把活動辦好。政府設計出很多的機制讓自主團體及市民都共同參與世運的籌辦,例如利用清潔隊垃圾時機,來向民眾宣導政府籌辦世運的進度及需要民眾配合幫忙的的事項,讓民眾感受到政府對自己的尊重及信賴。人心凝聚了再來做籌備的設計規劃及資源分配,當然看的到效果與肯定。這是一個艱難的事,不管最後成果如何,畢竟願意去做,所以社區營

造的理念不是只在社區的輪廓，整個市都可做，這是臺灣的新突破，相信有了開頭以後臺灣的活動在此基礎下會辦得更好。我們看到高雄社區營造的策略，也許臺北市主辦的花博當初應該也可以試著以社區總體營造的理念去辦理，如果可以以鄰里或社區為單位，自主動員到花博會場種植屬於社區的花卉及佈置，就會讓整個活動注入許多感動的意義，整體活動也可完美的呈現臺灣人心凝聚的力量。

圖 20-1：13 號碼頭的軍營。

圖 20-2：高雄市政府辦理「『光榮再會』敬老兵、老艦、老港」活動海報。

國家圖書館出版品預行編目資料

永續經營的社區營造策略／柯一青著. ─初
版.─臺中市：白象文化事業有限公司，2013.8
　　面；　公分
　ISBN 978-986-5780-08-1（平裝）

1. 社區總體營造 2. 策略規劃
545.0933　　　　　　　　　102014971

永續經營的社區營造策略

作　　者　柯一青
校　　對　柯一青
發 行 人　張輝潭
出版發行　白象文化事業有限公司
　　　　　412台中市大里區科技路1號8樓之2（台中軟體園區）
　　　　　出版專線：（04）2496-5995　　傳真：（04）2496-9901
　　　　　401台中市東區和平街228巷44號（經銷部）
　　　　　購書專線：（04）2220-8589　　傳真：（04）2220-8505
專案主編　劉承薇
出版編印　林榮威、陳逸儒、黃麗穎、水邊、陳媁婷、李婕
設計創意　張禮南、何佳諠
經紀企劃　張輝潭、徐錦淳、廖書湘
經銷推廣　李莉吟、莊博亞、劉育姍、李佩諭
行銷宣傳　黃姿虹、沈若瑜
營運管理　林金郎、曾千熏
印　　刷　普羅文化股份有限公司
初版一刷　2013 年八月
初版二刷　2013 年十一月
初版三刷　2018 年十二月
初版四刷　2022 年四月
定　　價　230 元
缺頁或破損請寄回更換

白象文化　印書小舖　出版‧經銷‧宣傳‧設計
www.ElephantWhite.com.tw　　自費出版的領導者　　購書　白象文化生活館